銀信傳情叢書

大美僑批

時代記憶中的藝術風采

曾旭波 著

中華書局

本書合作單位：

汕頭市潮汕歷史文化研究會

汕頭市潮汕歷史文化研究中心

前　言

　　潮汕是全國著名僑鄉。潮人出洋，歷史悠久，足跡遍及世界各地。唐宋年間，潮州已有跟外國貿易往來，明中期後，便有潮人出洋記載。但在明、清兩代大部分時間裏，朝廷閉關鎖國，實行海禁，潮人的海外貿易活動，被視為海盜甚至叛國行為。故這時期，潮人出洋，人數並不多，且一般到達僑居國，也很難再回唐汕了。

　　乾隆十二年（1746 年），清政府特准沿海商人領照到暹羅採購大米和木材，正式解除了外貿海禁。之後，潮人開始從樟林港坐紅頭船到泰國經營商貿或打工。1860 年，隨着汕頭的開埠，潮人出洋更方便了，出洋人數也逐年增加。同治六年（1867 年），汕頭港開始有汽船進港，其時德國新昌洋行，英國德記洋行和太古怡和洋行等，皆有輪船往來，停泊於汕頭海面。汕頭成為粵東最大的商貿集散港和潮人出洋必經之地。

　　據資料記載，汕頭港自通汽船後，同治八年（1869 年），移民泰國、新加坡等人數就達 20824 人，至光緒二十一年（1895 年），每年出洋人數增至9 萬多人。

繁忙的汕頭港　　　　　　　　清末汕頭港海面的機器輪船（陳傳忠供圖）

　　潮人出洋，主要是出賣苦力賺錢寄回家鄉以贍養家人。僑批，便是海外華僑通過華僑自辦的民間信局寄給家鄉親人的銀信。

　　初期的僑批都是由水客帶送的。慢慢的，隨着收寄批信這一行業形成，有了專門為華僑收寄批信的批局，大部分批信就通過批局收寄了。華僑出洋，大都是聚羣而居。親戚朋友、同鄉同族的人，多聚居在一起。批局的形成，最初就是因這些族羣的擴大，寄批的人越來越多，這種需要已經可以形成行業了，因此，一些大的水客也就把它當成一種行業來經營。但是一些地方出洋的人不多，國內投遞批局沒有設點到那裏，就只能仍由水客帶送了。如梅州的一些山區，就一直是由水客帶送批信的。直至 1949 年後還是這樣。

　　早期水客帶回的僑批，批封上往往只有寄批者寫的收批人名址、批銀數額，沒有批局印章和郵政戳記。後來，水客帶批也需要登記了，在國外，水客攬收批信後，因為沒有經營許可證，只能委託有許可證的批局代寄至國內，再由水客自己領出來投送。因此，我們便可看到批信上常常蓋有一些人名戳記，如「吳四貴」「學禹」等，也有列字和編號了。

　　1949 年後，內地的人民政府為了吸收外匯，仍然允許水客經營僑批，只要在國內登記，水客就可以在國內領取到「水客證」或「僑批員」的證件，然後，水客在海外攬收的批信，通過委託海外批局寄入國內後，便可由其在國內自己投送，但批信都得通過郵政寄入，批銀必須通過中國內地

吳四貴　　　　　　　　　學禹　　　　　　　　　吳字順回批

的銀行結匯。

批局形成後，批封上當然就多了批局的一些管理痕跡了，如蓋有批局印章，寫上列字及編號等。

但這只是批局因批信寄遞及運作管理需要而留在批封上的印記而已。隨着批局經營的發展、批局與批局之間的經營競爭需要，讓批封（信封）、寫批信的信紙等日益專業化之外，亦日益美觀大方，各種各樣圖案的批封及信箋應運而生。批局利用這些印有濃烈中華民族色彩、地方文化色彩的信封及信箋供華僑使用，一方面吸引華僑到自己批局寄批，另方面亦是浸淫於中華民族文化、潮汕地方文化的海外赤子有意無意的一種思鄉情結的表達。

水客證

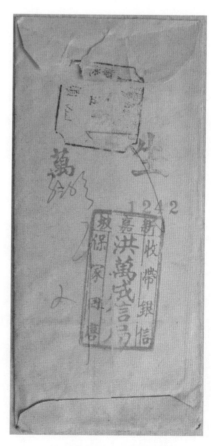

僑批員證　　　　　洪萬成信局章及列字與編號

目　錄

印章之美

奉獻之美

批封之美

　　水客時代的批信，有一個逐漸「進化」的過程。初期的水客幫助華僑帶批，常常只是為同鄉帶送。華僑親自對水客作口述（因大多華僑不識字），再將銀託付於他，水客回鄉後，將銀還給僑眷的同時，亦將其囑咐的內容口述給僑眷，習慣稱為「口批」或「口信」。後來，開始有一種紙條，上面印「口信」兩字，大致便是從最初水客口頭帶「信」的習慣叫法演變而來。

　　水客時期，還有一種批信，這種批信沒有信封，一般是將信紙折成較小的長方形，並讓信紙背面留在外面，然後在背面書寫收件人姓名地址。

　　再後來，經營此業的華僑（水客）借鑒了國內民信局的經營經驗，形成了一套相對穩定的管理模式，這才產生了專業的批局。隨着批局的增加、批局內部管理經驗的成熟以及批局之間的競爭需要，大約在 20 世紀前後，為華僑提供統一規格的批信外殼，很快成為批局一項不可或缺的服務項目。

　　東南亞各國的批局，初期提供給華僑寄批的信封基本都是中式信封。20 世紀 20 年代末期或 30 年初期，開始出現一些用西式信封書寫的批信。如 1929 年底泰國郵政發行一款郵資面值 15 土丁的郵資信封，被泰國各家批局用來寄遞批信。這款郵資信封便是西式信封。

　　由於批局一般自身不印製批封外殼，顧客寄批信，或事先自備信封信紙，或由批局提供一些市面上通用的信封信紙。隨着批局業務的發展，一些批局便在本地或到中國內地及香港委託印刷商代為印製統一規格的批封。這些批封，有傳統的紅條信封、紅框信封，亦有附帶各種各樣圖案或文字的信封。無論紅條封、紅框封、附有圖案的批封，都是中式信封。

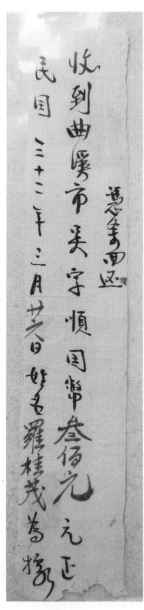

水客批（口信）

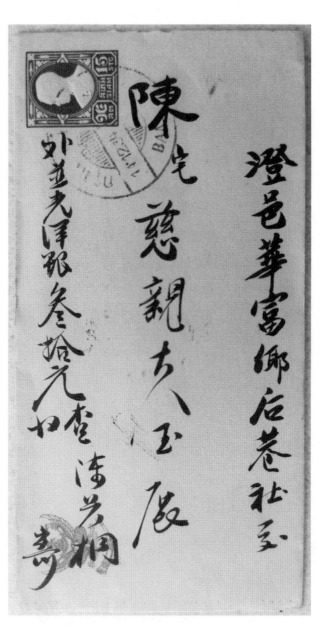

泰國郵政發行的郵資信封

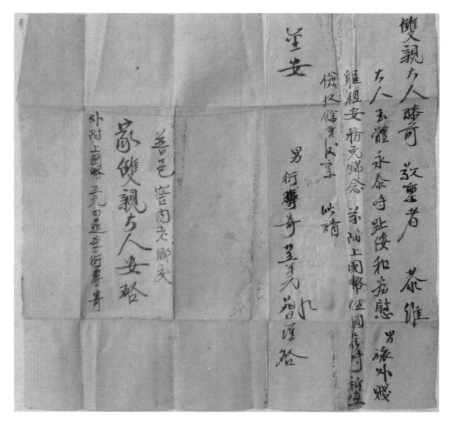

摺疊的僑批

　　附有圖案的批封最為精彩，其上面的圖案，有吉祥喜慶圖案，也有花鳥魚蟲、山水人物圖案等。批封上的這些圖案並不僅僅只是簡單的圖形，它既有象徵平安吉祥、勵志自勉、榮華富貴、福祿壽喜，亦蘊含有各種民間傳說、歷史故事、勸世故事、民俗文化等等。後來，批局亦開始自印一些帶自己名稱及業務廣告的批封供顧客使用。

　　此外，批封上面還常常印有印製時間或圖案創作時間，這給我們現在研究僑批的寄發時間提供了很好的幫助。批封上的各種圖案，亦成為僑批這種人類記憶遺產的一個審美亮點。

一、中式信封

　　信封，一般是指人們用於郵遞信件、保護信件內容的一種交流文件信息的袋狀包裝。中國人很早就使用信封，早在兩千多年前的秦漢時代，文書和書信都是刻寫在木板和竹簡上，為了保護書信完整無損及隱私，就用兩塊刻成鯉魚狀的木板，夾在文書簡牘的外面。木板上還刻有三道線槽，用繩捆繞，然後再穿過一個方孔縛住，封上黏土並加蓋封印，以防私拆。

　　這就是中國歷史上最早的信封。魏晉以後至南北朝時期，書信材料逐漸由木質演化為紙質。信封改為由兩片厚藍紙製成，自然不再用泥封了，但兩邊還畫有鯉魚圖。直到盛唐時期，中國人仍用鯉魚形信封。

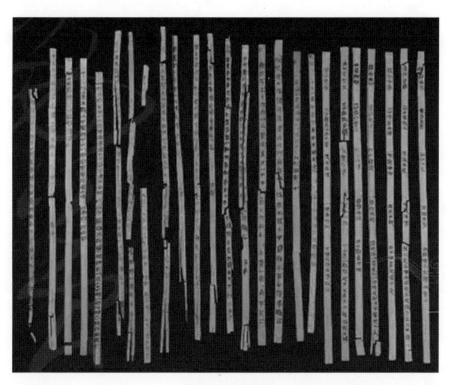

秦簡（網絡資源）

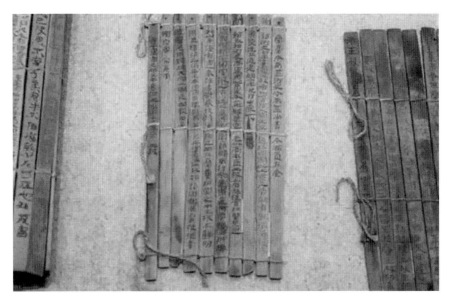

漢簡（網絡資源）

上面簡單說明了中國人很早發明了信封，那麼書信是怎樣傳遞的呢？我們現在看到的「中式信封」大抵是怎樣來的呢？

其實，中國人不僅發明了信封，還很早便有了傳遞信件的「驛站」（郵驛）。所謂驛站，是古代供傳遞軍事情報的官員途中食宿、換馬的場所。中國是世界上最早建立有組織的傳遞信息系統的國家之一。三千多年前的商代甲骨文便有記載。

乘馬傳遞曰驛，驛傳是早期有組織的通信方式。唐朝開始，郵驛設置遍於全國，分為陸驛、水驛、水陸兼辦三種，各驛站設有驛舍，配有驛馬、驛驢、驛船和驛田。之後各朝代，郵驛都只是用來傳達政令及軍情，民間通信無法利用。「官辦民享」的國家郵政，直至清光緒年間才得以實現。

有了紙質信封之後，郵驛在傳遞軍事或政令時，逐漸有了固定的專用信封，即所謂「郵驛封」（或稱「驛站封」）。清代的郵驛封已經跟現在看到的「中式信封」很相似了。換句話說，我們現在看到的「中式信封」，應該就是從清代的驛站封演變而來的。

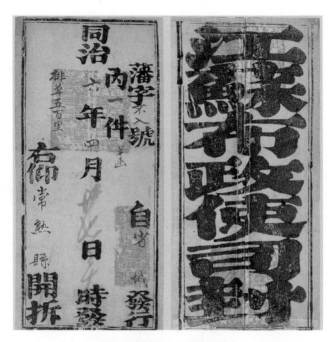

清同治驛站封（網絡圖片）

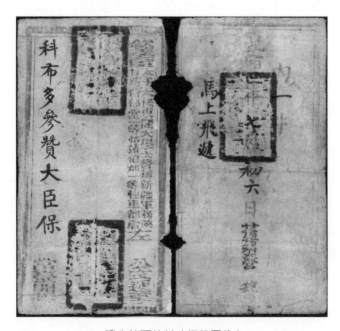

清光緒驛站封（網絡圖片）

　　僑批所使用的中式信封，從外觀形式歸納起來不外有大類，即紅條封、紅框封和圖案封。

1. 紅條封

　　紅條封又稱立式封、豎式封。適用於豎行書寫名址的信封。規格不一，有 6cm×12cm、6cm×13cm，亦有 7cm×15cm、7.5cm×15cm 等等。紅條封的特徵就是在信封正面中央，印有一道從上至下的紅色條，紅色條的寬度大約是信封寬度的一半，形成了左右白色中間紅色三條色帶。按中文傳統自右至左的豎式書寫和閱讀習慣，右邊白色部分書寫收批人地址，中間紅色部分書寫收批人姓名或稱呼，左邊上部書寫批款貨幣單位及數量，下邊書寫寄批人姓名及寄出地簡稱。

　　舊時中國人用毛筆書寫漢字，常常習慣豎寫，故豎式信封亦稱中式信封。中國人的審美習慣，紅色通常代表喜慶、吉祥。信封印上紅色色條，讓人有平安、和順、吉祥之感。

　　紅條封用來作僑批封，東南亞各國的批局均有使用，以清末和民國初、中期最為普遍，民國中、後期和 1949 年以後較少使用。

2. 紅框封

　　紅框封跟紅條封一樣，亦是豎式信封。不同的是，紅條封是在信封正面中央印紅色色條，周圍留白；紅框封則是在相同位置印一豎式紅框，寬度同樣亦是信封寬度的一半，同樣將信封分成左中右三部分。右邊部分書寫收批人地址，中間部分書寫收批人姓名或稱呼，左邊上部書寫批款貨幣單位及數量，下邊書寫寄批人姓名及寄出地簡稱。

清代紅條封（網絡資源）

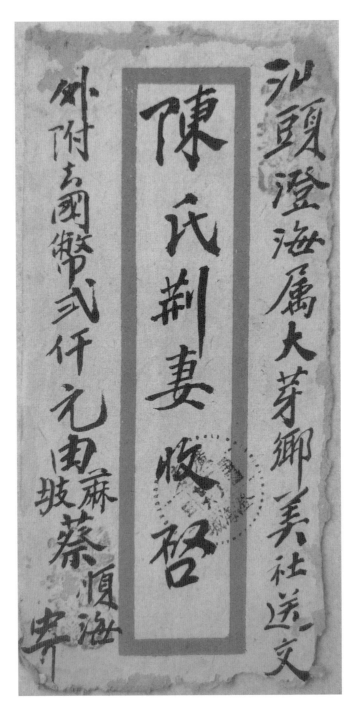

汕頭澄海屬大芽鄉美社送交

陳氏荊妻 收啟

外附去國幣弍仟元寄坡麻蔡順海寄

紅框封

3. 圖案封

圖案封有豎式封和橫式封，橫式封是西式信封（放在西式封那裏再談），這裏説的都是豎式信封（即中式信封）。

信封正面除了印有各種各樣的圖案外，通常還加印有紅色長方形線條。早期的圖案封，多在年節時使用或為家裏長輩祝壽時使用，故信封底色基本使用紅色。圖案簡潔大方，常常是各種象徵平安、吉祥、如意、喜慶、祝福等圖案，這種圖案封主要出現於清末至民國初期。

20 世紀 20 年代前後，開始出現專為批局印製的系列圖案封。同樣採用象徵平安吉祥等內容的圖案。20 世紀 30 年代之後，圖案封的圖案更為豐富多彩，除了有各種各樣的吉祥圖案，還有花鳥圖案、山水人物、民俗文化圖案等，且這些圖案還是華僑所熟知的中國歷史故事、民間傳説或勸世小説的圖案化。

當然，一些早期的圖案封，亦並不怎麼如後來批局有意提供給華僑寄批所用的圖案批封那樣規範，顯得比較隨意，應該是華僑自己為年節或親人華誕等節日喜慶的時候寄批而特意購買來使用的，這些封主要取其紅色喜慶，內容往往被忽略。

（1）吉祥圖案

中國傳統的吉祥圖案，源自遠古的圖騰。我們從原始巖畫中看到的狩獵圖、舞蹈圖等圖案，還有原始陶瓷中的各種圖案，如人面魚紋、太陽神以及各種動物紋、植物紋等，都是吉祥圖案的雛形。

古人對自然界的天災和人類自身的疾病充滿迷惑和畏懼，在不知其然的情況下，認為這是妖魔作孽，因此，他們祈望藉助某種神力或神物來驅鬼逐妖，以保佑、保護自己。

千百年來，吉祥圖案已成為中華民俗文化的重要組成部分而滲透到民俗文化的方方面面。潮汕僑批封，這種民間書信載體，亦自然而然地利用吉祥圖案，來表達出洋在外的華僑「平安」、「吉祥」、「富貴」、「福、祿、

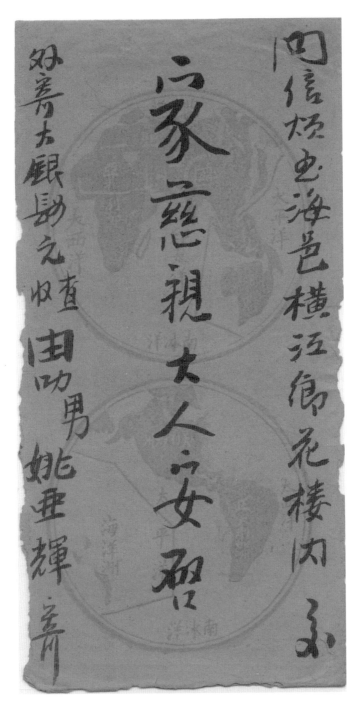

世界地圖封

壽」等等美好祈盼。

吉祥圖案使用最為頻密的時段便是春節。春節是中華民族最重要的傳統節日。每逢佳節倍思親，旅居海外的華僑，年關一到，在正常家批外，總會再呈上一封遙祝家鄉親人新年吉祥如意的批信。而此時的海外批信局也會適時地印製一些帶有吉祥喜慶氣氛的批封，這些批封的一個共同特點就是均用紅色紙做信殼，信封正面再印上帶有吉祥喜慶文字、祝賀用語或祥瑞花草圖案，免費提供給寄客使用。

雛菊瑞草

20 世紀 20 年代從新加坡寄潮安的僑批。紅色批封上繪以雛菊瑞草，象徵吉祥如意，祥瑞喜慶。

壽字圖案

批封是中式紅條封，「紅條」部分，由漢字「壽」字變形成圖案化組成。中國傳統觀念中的「五福」，第一就是「壽」。《尚書·洪范》：「五福，一曰壽」。所謂留得青山在不怕沒柴燒，因而五福中惟壽為重。

批封印製單位及年代不詳，該批約寄於 20 世紀 20 年代。

梅花圖案

批封為白底紅框，中間的「紅條」，是由圖案化的梅花組成。梅花，可謂是中國的國花。其花型美麗而不妖冶，花味清韻又芳香，中國文人常常以梅花作為理想人格的比擬，被譽為花中四君子（梅蘭竹菊）之一。梅花的花瓣為五瓣，象徵五福吉祥，故古人有「梅花開五福」之詩句。

批封印製單位及年代不詳，該批約寄於 1937－1938 年。

（2）漢字書法圖案

楷書「鶴書」

20 世紀 20 年代從新加坡寄潮安東鳳的僑批。作為新年批，該批除了信封信紙用紅色外，封正面再書以深紅色「鶴書」兩字。「鶴書」是書體名，

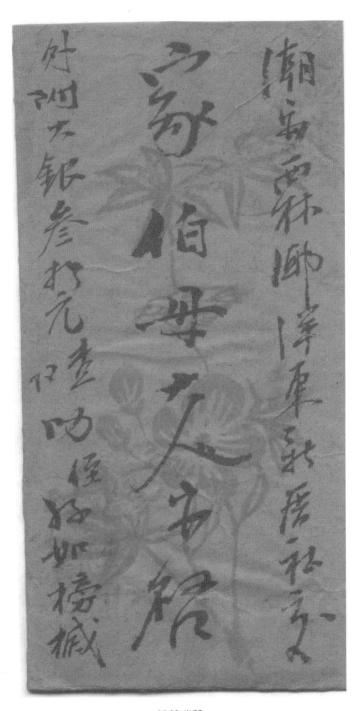

雛菊瑞草

壽字圖案

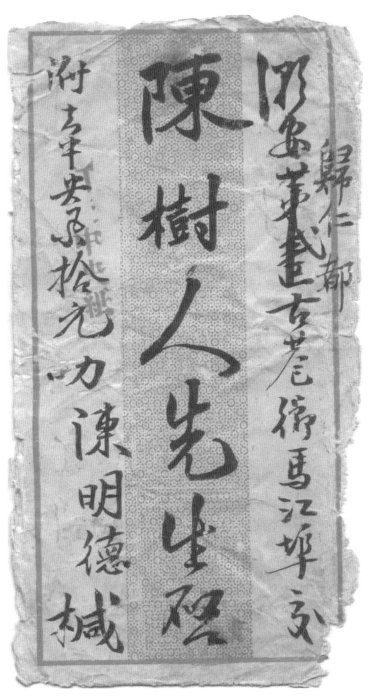

梅花圖案

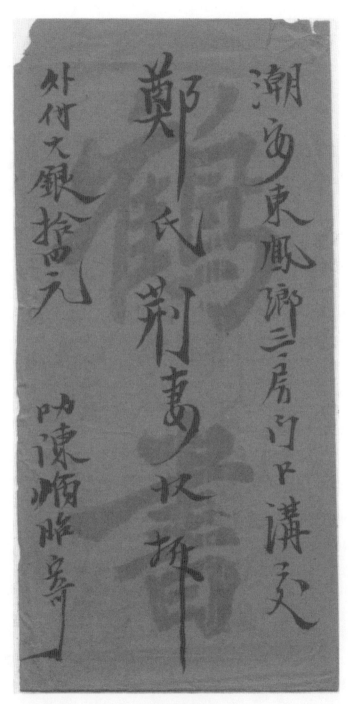

楷書「鶴書」

也稱鶴頭書。古時用於招賢納士的詔書，也借指徵聘的詔書。如唐・楊炯《唐昭武校尉曹君神道碑》中有「南宮養老，坐聞鳩仗之榮；東岳游魂，俄見鶴書之召」；又，清・金農《懷人絕句》之七有「流浪定悲朱邸改，幽潛已遜鶴書徵」等句。批局把它用於給華僑寄新年批的信封，確實另有其妙。

楷書「大吉」「雙喜」

己未年 12 月 28 日（1920 年 1 月 18 日）新加坡寄普寧泥溝僑批。紅色批封正面圖案自上而下由三組文字組成，分別為：最上邊是右讀「福祿壽全」、中間是豎讀「大吉」、最下邊是橫讀「雙喜」。在「大吉」與「雙喜」之間，用印製者的名字隔開，將「大吉」與「雙喜」分隔為上下個半。印製者「佛山裕和祥造」六個字位於中間，同樣右讀，字體大小跟「福祿壽全」同。

「福祿壽全」兩邊飾以瑞草；「大吉」二字寫在一豎型牌匾，牌匾由一對小童扛着。「雙喜」是由連體字組成，全部文字及圖案由一個長方框作邊。不用看寄批時間，一眼望去吧便知是一件寄於春節期間的批信。滿紙洋溢着喜慶色彩。

楷書「竹報平安」

菲律賓寄福建晉江僑批。信封正面用中式紅框封設計，白底紅字「竹報平安」。坐上角印羣聲信局徽志。信封由羣聲信局印贈。

隸書「仁壽」

民國初年從砂撈越寄澄海的新年批。批封用淺洋紅色襯底，正面用深紅色墨書以「仁壽」兩字。潮人過年總是要說些吉利祝福之語，「仁壽」作為新年祝賀語，同樣恰切。

隸書「竹報平安」

菲律賓寄福建晉江僑批。批封用米白色紙紅色油墨印刷。中式紅框封格式，「紅框」中繪兒童、書信、飛機和竹子等圖案，隸書「竹報平安」四字豎排於紅框內右上端顯眼位置。信封由菲律賓捷春信局印贈。

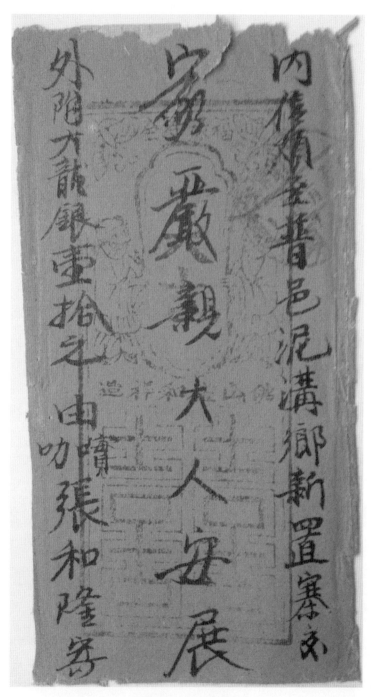

內僑直普邑泥溝鄉新置寨內

嚴親大人安展

外附大龍銀重拾元由墳叻張和隆寄

楷書「大吉」「雙喜」

楷書「竹報平安」

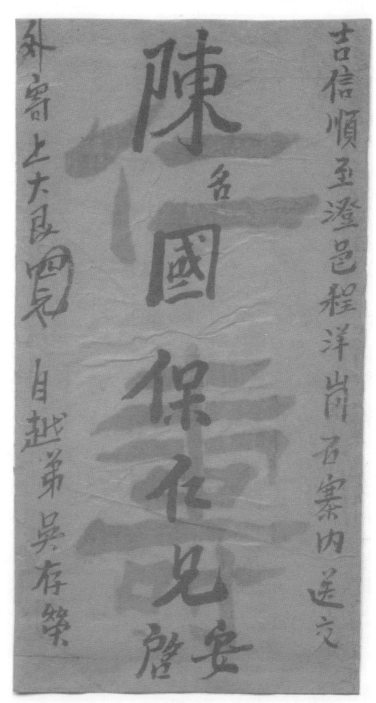

隸書「仁壽」

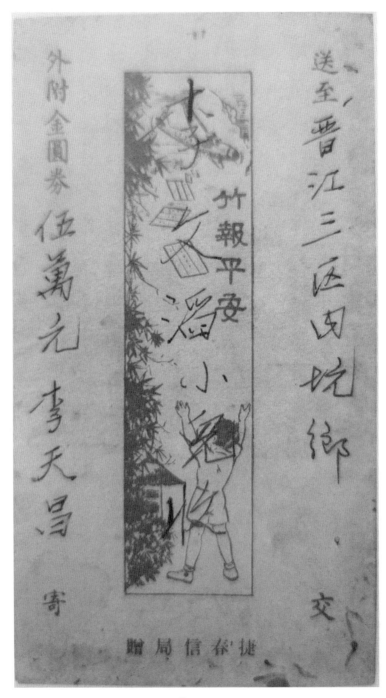

隸書「竹報平安」

篆書「國恥紀念」

砂勞越寄澄海僑批。信封用中式紅條封設計，「紅條」部分縷空書寫白色篆書「國恥紀念」四字。信封未書具體時間，內信只書「辛桐月」字樣，推為 1911 年 4 月 2 日書寫。

篆書「愛國紀念」

馬六甲寄海邑鼓樓（今潮州鼓樓）僑批。「紅條」部分縷空書寫白色篆書「愛國紀念」四字。信封未書具體時間，內信書「任十二月十二日」字樣，推為 1913 年 1 月 18 日書寫。

篆書「中華民國萬歲」

菲律賓寄福建晉江僑批。信封白底紅色，中間上部飾以「福」字及五色旗等旗幟；主體文字「中華民國萬歲」用篆書縷空設計。廣州城咸嘉巷三元堂制。

篆書「恭祝新禧」

福建天一信局回批封，紅底白字設計。回批由晉江天一信局 1925 年寄菲律賓宿務。

篆書「平安喜報」

庚申年 1 月 15 日（1920 年 3 月 4 日）新加坡寄普寧泥溝僑批。批封用紅色紙，封面圖案以花籃、中國結、博古等圖案圍繞成長方形（類似紅框封），中間加以篆書「平安喜報」四字。所有圖案包括文字均已淡黑色印刷，像水印一樣。

俗話說，平安兩字值千金。誠如批信中寄批者接到其父親前信回音，知家裏大小平安時所說：「大人之手示，知家中平安，兒喜如雀躍」。出門在外的遊子，當新春佳節之際，除了祝福，「平安」兩字便是最大的喜訊。

篆書「貽厥嘉猷」

句出《千字文》：貽厥嘉猷，勉其祗植。意思說，要給子孫留下正確高明的忠告或建議，勉勵他們謹慎小心地處世立身。

篆書「國恥紀念」

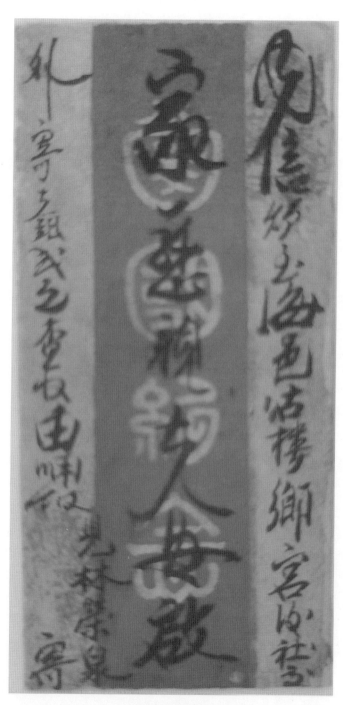

篆書「愛國紀念」

篆書「中華民國萬歲」

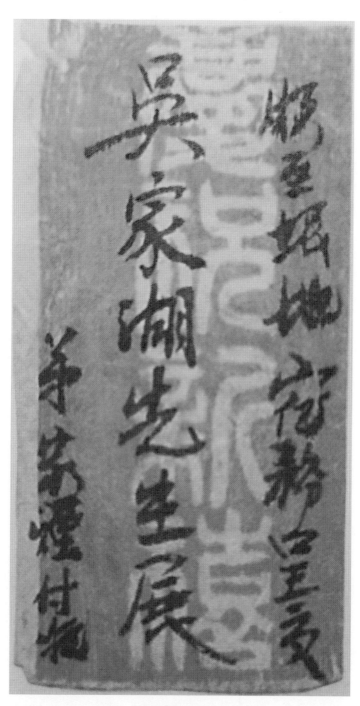

篆書「恭祝新禧」

篆書「平安喜報」

篆書「貽厥嘉猷」

香港永發印務有限公司監製，1923 年出品。

篆書「思君子」

典出宋朝釋智圓作品《思君子歌》。釋智圓，字無外，自號中庸子或稱潛夫，俗家姓徐，錢塘（今浙江杭州）人，宋初天台宗山外派重要的詩文僧。他長期隱居西湖孤山，後人稱他「孤山法師」。

子曰：「君子坦盪盪，小人長感感。」（《論語．述而》）這是古今人們所熟知的一句名言。譯成現代文意思是：孔子說：「君子光明磊落、心胸坦盪，小人則斤斤計較、患得患失。」

封圖以紅條封形式，主圖採用篆書縷空字設計，樸素典雅。

香港永發印務有限公司監製，1923 年出品。

篆書「有源匯兌」

印尼泗水寄福建泉州僑批。中式紅條封設計。「紅條」部分以縷空方式篆書文字「有源匯兌」，這是批局委託文具商印製的一款專門贈送顧客使用的批局專用信封。

篆書「和盛匯兌信局敬贈」

菲律賓寄福建同安僑批。中式紅條封設計。「紅條」部分縷空篆書文字「和盛匯兌信局敬贈」，背景為飛機、輪船、火車等圖案。

古幣圖（一）

封圖為雙魚和古錢幣，題名「古香」。寓意年年有餘；雙魚，則還有吉慶的象徵。魚的翩翩游動，給家庭帶來勃勃生機和年年有餘，在這裏，不正是出洋華人所祈望的嗎？

封由香港永發印務有限公司監製，1924 年出品。

古幣圖（二）

封圖為幾種中國古幣，題名「癸亥暮春」。癸亥，即 1923 年，暮春，三月。

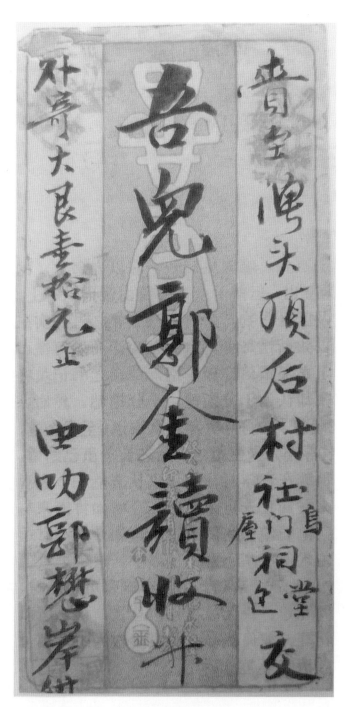

篆書「思君子」

篆書「有源匯兌」

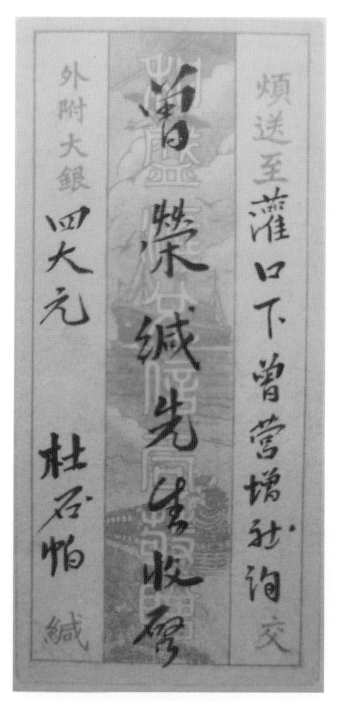

煩送至瀘口下曾營墻社詢交

外附大銀　四大元

曾榮緘先生收啟

杜石帕　緘

篆書「和盛匯兌信局敬贈」

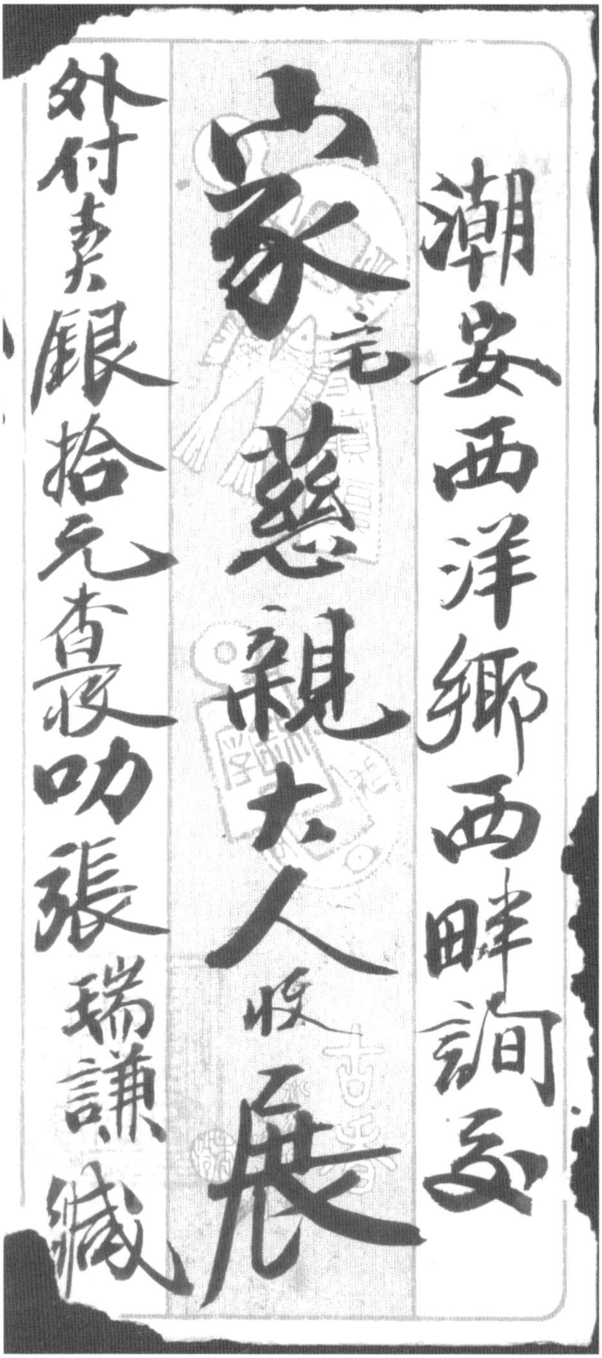
潮安西洋鄉西畔詢交
家宅慈親大人收展
外付去銀拾元查收叻張瑞謙緘
古香

篆書「古香」

行書「癸亥暮春」

（3）花鳥圖案

杞花圖案

批封是中式紅條封，「紅條」部分，由圖案化的枸杞花組成。枸杞，是一種茄科落葉灌木，有很高的藥用價值，其花葉根果均可入藥。《本草經》說：「服之堅筋骨，輕身耐老」。枸杞還有「地仙」「地骨」「卻老」等別名。由於枸杞的這種藥用價值，向來被人們視作延年益壽的吉祥物。

批封印製單位及年代不詳，該批約寄於 20 世紀 20 年代。

一月一回開不了，閏年開過十三回

批封是中式紅條封，「紅條」部分畫一族盛開的月季花。月季代表純潔、希望和永恆。「一月一回開不了，閏年開過十三回」，不正是借花言意，希望遊子出門在外，事業如月季般月月盛開，永遠興盛。

批封由富華公司制於 20 世紀 20 年代。

依舊春風

封圖繪一雀鳥正栖於盛開的桃花枝頭。

唐代詩人崔護有《題都城南莊》：去年今日此門中，人面桃花相映紅。人面不知何處去，桃花依舊笑春風。宋代詞人曾覿則有《採桑子（清明）》：清明池館晴還雨，綠漲溶溶。花裏游蜂。宿粉栖香錦繡中。玉簫聲斷人何處，依舊春風。萬點愁紅。亂逐煙波總向東。

顯然，曾覿《採桑子（清明）》中之「依舊春風」，是借崔護「人面不知何處去，桃花依舊笑春風」句化來的。

批封由富華公司制於 20 世紀 20 年代。

雙飛燕子幾時回，夾岸桃花蘸水開。

這是宋．徐俯《春遊湖》七絕詩中的前兩句。全詩四句：雙飛燕子幾時回？夾岸桃花蘸水開。春雨斷橋人不度，小舟撐出柳陰來。

雙飛的燕子啊，你們幾時回來了？兩岸盛開的桃花，枝條都被壓彎碰到水面，好像蘸水開放。面對綿綿春雨和斷橋，正愁無法過渡（「渡」通假「度」），一隻小船忽然從綠蔭深處緩緩駛出來。

杞花圖案

一月一回開不了，閏年開過十三回

依舊春風

雙飛燕子幾時回，夾岸桃花蘸水開

批封沒有圖題，這是早期此類花鳥封的共同特徵。

竹雀圖案

戊年元月初八日新加坡寄普寧泥溝僑批。從批封整體型制及背面所蓋郵政日戳判斷，該封應是 20 世紀一十年代末期或二十年代末期的產物。

批封用淺紅色紙，封圖中的竹子和雀鳥則用朱紅色。「竹雀」諧音「朱雀」。「朱雀」是中國古代神話傳說中的南方之神，與青龍、白虎、玄武合稱為四方神，表示東西南北四個方向。朱雀又稱朱鳥，一說是鳳所生，亦有說是鳳之正宗。[1] 總之，朱雀和龍已一起構成了龍鳳文化，是中國傳統文化中極為重要的一部分。但更多學者認為朱雀是直接由天星變化而來，是中國遠古先民對星宿的崇拜而產生的神話形象。[2] 傳說，孔子坐元龜於洛水之上，朱鳥銜丹青而至。所以人們讚頌的朱雀是文禽，吉祥之鳥。[3] 朱雀（竹雀）在這裏的應用，以音取義，更多的是象徵祥瑞避邪之意。

為我報平安

封圖用中國水墨畫寫意法，簡潔地畫了一塊嶙峋怪石，旁邊長出幾杆壯竹，圖題「為我報平安」。成語「竹報平安」中的「竹報」，即是家信的別稱。唐·段成式《酉陽雜俎續集·支植下》：「北都惟童子寺有竹一窠；才長數尺；相傳其寺綱維每日報竹平安。」又《談聞錄》載，西雲山住有身長丈餘的山鬼，人如遇見必生病。一個叫李畋的人，為了辟山鬼，早晚把竹子投入火中使之爆響，其聲使山鬼害怕逃離，為此得以免除災難。後來人們發明了紙卷的爆竹，除夕和元旦，家家戶戶燃放，以驅邪魔迎平安。「竹爆」諧音「竹報」，因此亦有畫小孩點爆竹為「竹報平安」。

封題「為我報平安」，充分利用畫面語言，即封圖中的「竹子」來代表「竹報平安」這個成語。即所謂「平安家信」「平安批」是也。

封由香港永發印務有限公司監製，1924 年出品。

1　王輝. 論周文化中朱鳥赤鳳崇拜的原型、蘊義及演化：《人文雜志》，1994

2　王兆勝編，2018 散文年選，江蘇鳳凰文藝出版社，2019.04，第 321 頁

3　王瑛編著《中國吉祥圖案實用大全》，天津教育出版社，1999，第 258 頁。

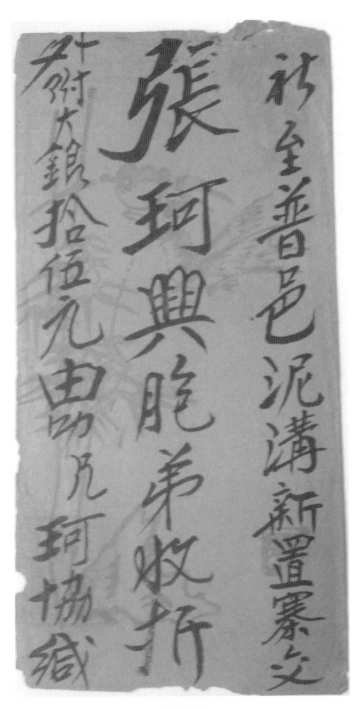

竹雀圖案

為我報平安

憑君傳語報平安

語出唐．岑參詩《逢入京使》：故園東望路漫漫，雙袖龍鍾泪不乾。馬
上相逢無紙筆，憑君傳語報平安。原詩本是寫詩人旅途中巧遇入京使者，
欲捎書回家報平安，又苦於沒有紙筆，只能讓他帶口信給家人，説自己旅
途平安。封圖畫一株竹子獨倚於奇石邊，寓意遊子出門在外，唯有以竹報
平安。

雛音

封圖為一雛鳥（小鳥）立於山石上，似乎正在好奇地觀望春天美麗的
景色，「嘰啾嘰啾」地鳴叫，旁邊盛開着爛漫的野菊花。

雛音，是稚嫩的聲音。寓意初出茅廬的遊子，發出充滿祈望或想念家
鄉親人的肺腑之音？

延年

鶴在中華文化中有很重要的位置，被認為是長壽之鳥，代表延年長壽、
祥瑞吉祥。道家把它視為出世之物，也就成了高潔、清雅的象徵，得道之士
騎鶴往返，以鶴為伴，賦予了高潔情志的內涵，成為名士高情遠志的象徵物。

民間則常以鶴的各種圖案象徵長壽、吉祥、喜慶。批封圖案畫一「仙
鶴」立於牡丹花石旁邊，封題「延年」，封由香港永發印務有限公司印製。

鴛鴦喜荷

丙年新加坡寄普寧泥溝僑批。因該批封無內信，只能從封背面「丙元
月...」墨筆字加上極不清晰的郵戳來推斷。「丙」相對應的年份各位數是
「6」；郵戳雖然模糊不能辨認時間，但該郵戳是 20 世紀 20 年代常用的郵戳，
故推斷該封應該是寄於 1926 年 1 月。

在中國民俗文化裏，鴛鴦是美好的吉祥物。紅色信封配以一對鴛鴦在
荷花池中嬉戲的畫面，俗稱「鴛鴦喜荷」（鴛鴦戲荷），象徵和和美美。

喜報春魁

封圖用中式紅條封格式，紅色裝飾紋襯底上，幾樹盛開着白色梅花的

憑君傳語報平安

雛音

延年

鴛鴦喜荷

喜報春魁

梅樹，錯落有致。圖題「喜報春魁」，本為吉祥用語，用於僑批封上，則寓意深遠。

封由香港永發印務有限公司監製，1924 年出品。

以介眉壽

封圖為粗壯的古松樹上，栖息着一對綬帶鳥。綬帶鳥又名壽帶鳥，「綬」與「壽」音諧。松樹為長壽之物，綬帶松樹，意為長壽百歲。

封由香港永發印務有限公司監製，1924 年出品。

文采絢爛 富貴長年

封主圖為一孔雀栖息於盛開的牡丹花旁。圖題「文采絢爛富貴長年」。

孔雀被譽為「文禽」，它不僅翎羽艷麗奪目，且有很好的德性。古人認為孔雀有「九德」：一顏貌端正；二聲音清澈；三行步翔序；四知時而行；五飲食知節；六常令知足；七合羣不分散；八不亂淫；九溫順而知友善。

牡丹花有「花中之王」「花開富貴」「富貴之花」等美譽。封圖以牡丹花和孔雀入畫，配以「文采絢爛，富貴長年」圖題，象徵吉祥、幸福美滿的生活。

封由香港永發印務有限公司監製，1929 年出品。

（4）山水人物圖案批封

大約從 20 世紀 20 年代開始，東南亞各地的潮幫批信局開始推出一些印製有各種山水人物圖案的制式寄批用信封。從目前發現的存世僑批實物看，這些批封的圖案品種有幾十種，絕大部分由香港永發印務有限公司印製，少數部分由香港富華、振興公司印製。

永發印務公司成立於 1913 年，最初主要是為捲煙業界印刷各種牌號的香煙盒殼和香煙廣告海報。1920 年，永發印務改制為股份有限公司；1934 年，永發印務商標在香港註冊；到新中國成立前，永發印務除了立足香港，還將業務擴展至周邊，在廣州等城市以及新加坡、蘇門答臘等東南亞地區設立子公司。

潮安西洋鄉西畔詞頭
家宅
慈親大人妥展
外附妻銀拾伍元查收呦張瑞謙緘

以介眉壽

文采絢爛，富貴長年

　　永發印務公司為東南亞各批信局印製的這些山水人物圖案批信信封，取材多為中國傳統文化典籍中的人物故事、典句，內容有激勵奮進、祝願、祈福等等，充分體現了批信局對海外華僑各種意願、心聲的了解和迎合。

十年生聚十年教訓，不忘恥辱臥薪嘗膽

　　臥薪嘗膽是描述春秋時期越國國王勾踐勵精圖治以圖復國的故事。成語臥薪嘗膽，形容刻苦自勵，發奮圖強。

　　封由香港永發印務有限公司監製，1928 年 5 月出品。

后羿射日

　　后羿射日是我國古代神話故事。內容大致為古時候天上有十個太陽，大地終日赤日炎炎，人們難耐高溫。后羿力大無比，射掉了九個太陽，剩下現在的一個太陽，終於使溫度適宜人們居住。

　　封由香港永發印務有限公司監製，1928 年出品。

玉堂富貴　白頭永昌

　　白頭翁是一種小鳥，因頭頂的羽毛為白色，故名。在民間吉祥文化中，常常把白頭翁和牡丹花畫在一起，稱「富貴白頭」。此僑批封圖，畫的是一對白頭翁栖於玉蘭樹上，圖題玉堂富貴白頭永昌。宋代以後，翰林院亦稱玉堂。但這裏的「玉堂富貴」，應是泛指事業成功，即所謂功成名就，富貴滿堂。白頭永昌，比喻夫妻白頭偕老，或是父母福壽雙全。

　　封由香港永發印務有限公司監製，1929 年出品。

聞雞起舞

　　傳說東晉時期，祖逖年青時就很有抱負，每次和好友劉琨談論時局，總是慷慨激昂，為了報效國家，他們在半夜一聽到雞鳴，就披衣起牀，拔劍練武。這個故事，成為後人勵志報國的榜樣，也比喻意志堅強，有毅力有耐心的有志之士。

　　封由香港永發印務有限公司監製，1929 年出品。

十年生聚十年教訓，不忘恥辱臥薪嘗膽

后羿射日

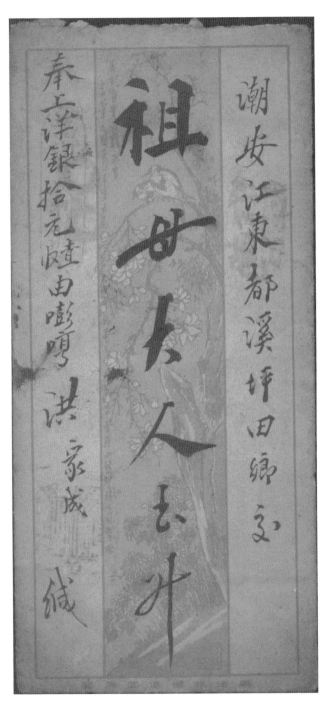

玉堂富貴　白頭永昌

闻鸡起舞

雁塔題名

進士及第的代稱。雁塔即大雁塔，在陝西西安的慈恩寺中，為唐玄奘所建。據五代·王定保《唐摭言》卷三：「進士題名，自神龍之後，過關宴後，率皆期集於慈恩塔下題名。」後來便以「雁塔題名」代稱進士及第。

此封圖描繪的是，山上高高屹立的塔下，兩位文人打扮的人正在談論着什麼；遠處，一隊大雁自遠及近飛翔於綠水青山。

封由香港永發印務有限公司監製，1929 年出品。

請看石上藤蘿月，已映洲前蘆荻花

這又是一幀用杜甫詩句入畫的批封。封圖描繪兩位古人正促膝於山野之中，一輪明月高掛山崖，山上的藤蘿搖拂月光，身前身後，到處正是盛開的蘆荻花。此兩句詩，是杜甫《秋興八首·其二》中的最後兩句。在這裏，請允許我把杜甫全首詩抄錄，或能更好的理解此詩此畫的意境：

> 夔府孤城落日斜，每依南斗望京華。
> 聽猿實下三聲淚，奉使虛隨八月槎。
> 畫省香爐違伏枕，山樓粉堞隱悲笳。
> 請看石上藤蘿月，已映洲前蘆荻花。

封由香港永發印務有限公司監製，1929 年出品。

雙柑斗酒

宋·劉泰的《春日湖上》有兩句：「明日重來應爛漫，雙柑斗酒聽黃鸝」。「雙柑斗酒」的出處，是唐·馮贄《雲仙雜記》卷二引《高隱外書》：「戴顒春攜雙柑斗酒，人問何之，曰：『往聽黃鸝聲。此俗耳針砭，詩腸鼓吹，汝知之乎？』」後來被引用來比喻春天遊玩勝景。

封圖描繪一位老者，手拄枴杖，後面跟着一位童子，童子提着一籃水果，兩人一前一後，正漫步在柳綠嚶鳴的春天裏。

封由香港永發印務有限公司監製，1929 年出品。

烦至弟晋七都龙源弟归俗交

施纯滚先生文饮

匀附金寿任硕元由泗水施能䌷托

雁塔题名

請看石上藤蘿月，已映洲前蘆荻花

雙柑斗酒

陶怡松菊

「陶怡松菊，田樂煙霞。」讀過《龍文鞭影》的，都知道這是該書其中的兩句。兩句便能高度概括了陶淵明和田遊岩的隱居生活，是《龍文鞭影》的最大藝術特點。《龍文鞭影》原名《蒙養故事》，明代萬曆時蕭良有撰。後經安徽人楊臣諍加以增訂，改名《龍文鞭影》。

該書內容主要來自二十四史中的人物典故，還有從《莊子》和古代神話、小說、筆記中，收集、輯錄了許多著名人物如孔子、諸葛亮、司馬遷、李白、杜甫、朱熹等人的軼聞趣事。全書共收輯了兩千多個典故，四字一句，朗朗上口。此書作為蒙書，也就是小學生讀的書，在舊時代可謂家喻戶曉。僑批封圖用此入畫，讓海外遊子重溫孩提時的讀書時光。

封由香港永發印務有限公司監製，1929 年出品。

仙人騎白鹿

此封圖依據漢樂府民歌《長歌行》之「仙人騎白鹿」意境而作。封圖畫一位仙人騎着一隻白色的鹿，駕着祥雲瑞靄，「我」則擰着採藥的竹籃，緊跟在仙人的後面一同上太華。圖題只摘了全詩的前四句：「仙人騎白鹿，髮短耳何長。導我上泰華，攬芝獲赤幢」。

漢代人們時刻幻想着能像鳥一樣展翅飛翔，或採食長生不老藥，以求升入仙境，長生不死。這首樂府《長歌行》「仙人騎白鹿」，體現的正是這個主題。長歌，乃自勉自勵之歌，所謂「長歌正激烈、長歌以當哭」者是也。現全詩抄錄如下：

> 仙人騎白鹿，髮短耳何長。
> 導我上太華，攬芝獲赤幢。
> 來到主人門，奉藥一玉箱。
> 主人服此藥，身體日康強。
> 髮白復更黑，延年壽命長。

封由香港永發印務有限公司監製，約 20 世紀 20 年代出品。

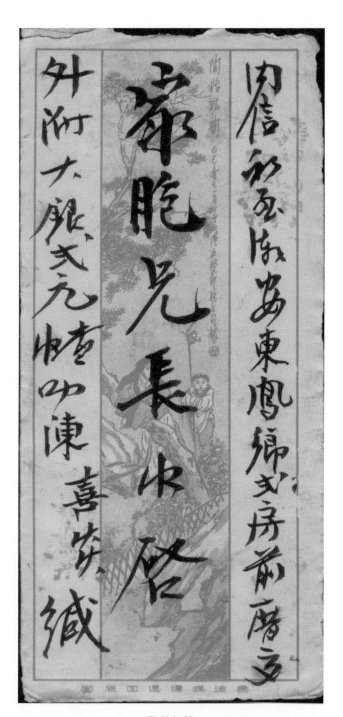

陶怡松菊

仙人騎白鹿

灞橋詩思

封圖是一位頭戴竹笠的古人，騎着毛驢立於橋上，神朗氣清，若有所思。背景為冰天雪地中疏密有致的梅樹。圖題「灞橋詩思」，原來是描繪唐代詩人孟浩然冒雪騎驢於灞橋尋梅作詩的故事。作品用簡練的線條，將詩人浪漫灑脫飄逸的形象表現得傳神動人。

唐人送別皆出灞橋，或折柳依依，或陽關三叠，詩思悱惻，不知留下多少悵然！封圖或藉此表達了海外遊子離愁別緒之情？

封由振興公司監製，約 20 世紀 20 年代出品。

依舊春風

封圖為桃花、竹子和一隻不知名的小雀，圖題「依舊春風」。記得唐·崔護有詩《題都城南莊》：「去年今日此門中，人面桃花相映紅。人面不知何處去，桃花依舊笑春風。」

封由香港富華公司監製，約 20 世紀 20 年代出品。

春樹暮雲

成語，意思是表示對遠方親友的思念。成語典出杜甫《春日憶李白》詩：「白也詩無敵，飄然思不羣。清新庾開府，俊逸鮑參軍。渭北春天樹，江東日暮雲。何時一樽酒，重與細論文？」杜甫曾與李白在洛陽相聚 1 年多，兩人惺惺相惜。杜甫非常尊崇李白的詩歌成就，與李白告別後，他在長安十分懷念李白，寫下了《春日懷李白》的詩篇，詩中用「春樹」「暮雲」表現他對李白深厚的友情和深切的思念。

封由香港永發印務有限公司監製，1924 年出品。

三羊啟泰

封圖為三隻綿羊佇立於旭日東升的大海邊，還有梅花和竹子。

在傳統的曆法中，「三陽」意為春天開始。據《易經》：陽爻稱九，位在第一稱初九，第二稱九二，第三稱九三，合三者為三陽。把「三陽開泰」寫成「三羊開泰」或「三羊啟泰」，是取「羊」與「陽」諧音。「三陽開泰」

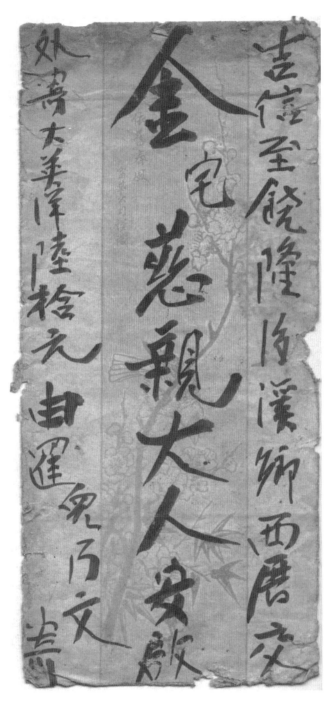

灞橋詩思

潮安江東都溪坪田鄉交

祖母大人玉卅

奉上洋銀伍元收單嘜唛洪家城緘

依舊春風

春樹暮雲

三羊啟泰

的引申意思，則有好運即將降臨之意。此外，用「三羊」代替「三陽」，除了「羊」與「陽」兩字諧音外，也還寓有更隱蔽的深層的文化含義。「羊」字與「祥」字在古文中是相通的。古人把羊作為美好的象徵，一切美好的事物，都用羊來形容。足見羊之隱含着美好、和善、吉祥之意。因此，羊之物象也便成為美好的意象。

用此題材為僑批封圖，不正是千千萬萬海外同胞的希望與憧憬及精神寄託嗎？

封由香港富華公司監製，約 20 世紀 20 年代出品。

漁郎問津

宋代詩人謝枋得七絕詩《慶庵寺桃花》：

> 尋得桃源好避秦，桃紅又是一年春。
> 花飛莫遣隨流水，怕有漁郎來問津。

詩人借慶庵寺桃花盛開，聯想到陶淵明筆下的「桃源」，嚮往過着「桃源」般的生活，又怕因為桃花花瓣隨流水漂流而讓「漁郎」找到這與世隔絕的好地方。桃源：指陶淵明《桃花源記》中的地方。津：渡口，這裏的意思指進入「桃源」的路徑。

振興公司監製，20 世紀 20 年代出品。

騎驢過小橋，獨歎梅花瘦

《三國演義》中，劉備三顧茅廬的故事，相信很多人都很熟悉。劉、關、張三人二顧茅廬仍不遇孔明，回來的路上，朔風凜凜，瑞雪霏霏，忽見一老者，穿皮衣、騎小驢、攜一葫蘆酒，邊過小橋，邊哼唧着詩：「一夜北風寒，萬里彤雲厚……騎驢過小橋，獨歎梅花瘦。」

封圖中，劉、關、張三位主角並沒有出現，而只是刻畫了那位老者騎驢過小橋的形象，背景是霏霏白雪中的梅花樹以及圖題「騎驢過小橋，獨歎梅花瘦」詩句。但它卻巧妙地映襯出劉備求賢若渴之急切以及兩顧茅廬仍不遇之怏怏失望、寂寞、無奈之情。

封由香港富華公司監製，約 20 世紀 20 年代出品。

漁郎問津

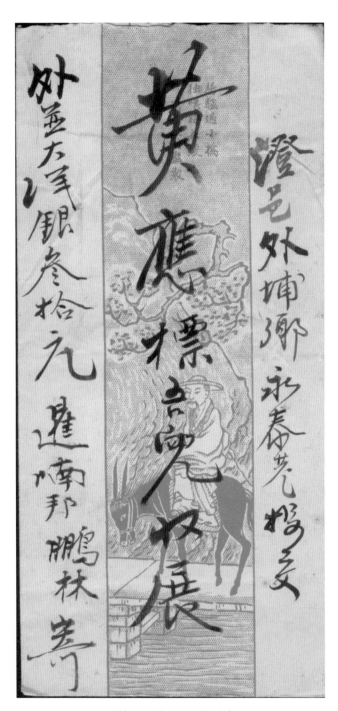

騎驢過小橋，獨歎梅花瘦

馬上行

唐詩入畫，並不鮮見。不過，批信局利用唐詩意境設計成信封畫面，卻也很有創見。這不，這首杜荀鶴的五言詩《馬上行》，不僅意境入畫，整首詩亦被抄於批封上：「五里復五里，去時無住時。日將家漸遠，猶恨馬行遲。」

封由香港富華公司監製，出品年代不詳。不過，以此實寄品看，應屬於二十年代或更早。

圯橋三進

「圯橋三進」，講的是漢朝名相張良的故事。據司馬遷《史記.留侯世家》記載，張良因刺殺秦始皇未成，逃匿於下邳。一天，張良信步在圯水橋上，見一位穿粗布衣服的老人當道於橋中央，張良出於尊老的想法，欣然讓道。但當張良剛要過橋，老人突然把自己的鞋子脫下，丟到橋下，並以命令的口氣叫張良把鞋給他拾上來。張良看到老人年事已高，便下橋拾鞋，回到來人跟前，老人又命令張良為他穿鞋，張良便跪下為老人穿好鞋子。老人遂約張良五天后一早在原地見面。張良雖覺蹊蹺，還是答應了。五天后的早上，張良赴約，見老人已在橋頭等他。一見面，老人便指責張良説，赴長者之約，為什麼遲到？五天后再來。又過五天，張良三更便去，無奈又比老人後到，老人告訴他，五天后再來。這一次，張良乾脆不到半夜便趕到。不久，老人也趕到。老人見張良已在橋上等他，很高興，把一本書交給張良，對張良説：「讀此則為王者師矣」。等到天明，張良一看書名，乃是《太公兵法》。張良潛心研讀，終成一位大智謀家。

封由香港永發印務有限公司監製，1933 年 4 月出品。

秋山行旅

「行旅圖」之類的題材，是中國美術史上具有典範意義的山水畫範式，其發展與中國山水畫的發展幾乎是同一過程，成為歷代山水畫家最致力於之的題材，如五代關同《關山行旅圖》、北宋范寬《溪山行旅圖》、南宋劉松年《雪山行旅圖》、明仇英、清藍瑛、李寅的《秋山行旅圖》等。

批封圖案雖然不是名家之作，但是相同的題材、相近的意境。你看圖

馬上行

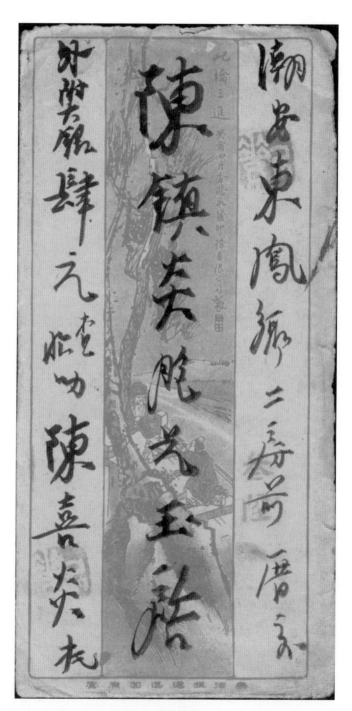

屺橋三進

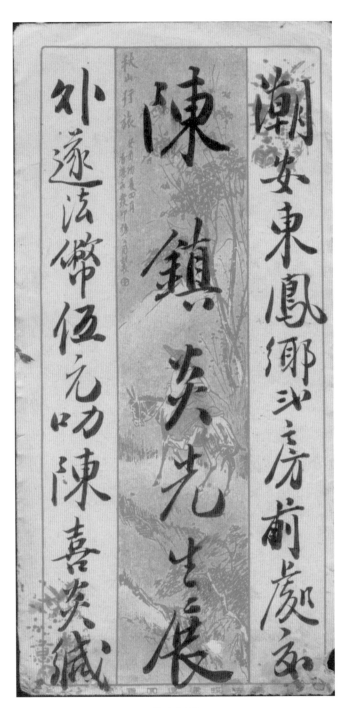

潮安東鳳鄉斗方前處承

陳鎮炎先生展

外遞法幣伍元叻陳喜炎緘

秋山行旅

中匹夫獨馬，秋山遠旅，讓人聯想到遊子離家⋯⋯

封由香港永發印務有限公司監製，1933 年 4 月出品。

風塵三俠

風塵三俠，是指隋末唐初三位俠客李靖、紅拂女和虬髯客。李靖
（571—649 年），字藥師，京兆三原（今陝西三原）人，唐朝開國元勛，
封衞國公。紅拂女原名張出塵，是隋朝權臣楊素的侍妓，常執紅拂立於楊
素身旁，因此被人稱為紅拂女。虬髯客名張仲堅，原是揚州首富張季齡之
子，出生時其父嫌醜欲殺之，獲救後，從師於崑崙奴，成為一位有名的江
湖俠客。

李靖年輕時「姿貌瑰偉」，心懷大志，深通兵法謀略；紅拂女則是一位
傾國傾城的絕代佳人。一天，李靖拜謁楊素，紅拂女一見李靖之後，心甚
慕之，深夜越宅相訪，遂成與李靖私奔。二人在旅途中偶遇虬髯客，紅拂
女的美貌也深深吸引了風塵大俠虬髯客。她看出虬髯客非一般人物，乃主
動與虬髯客招呼，與之結為兄妹，並介紹李靖與虬髯客相識，三騎並馬而
行，浪跡天涯。

封由香港永發印務有限公司監製，1933 年 4 月出品。

元章拜石

亦稱米顛拜石。宋代大書法家米芾，字符章，是一位名貫古今的石
癡。他舉止顛狂，人稱「米顛」。據記載，米芾初入州廨，見奇石便呼為兄
弟，三拜九叩，「米顛拜石」由此得名並一直傳為美談。元章拜石的故事，
也成為後世畫家創作的題材，如明代陳洪綬、現代張大千和任伯年，都有
留世作品。

封由香港永發印務有限公司監製，1933 年 4 月出品。

故園松鶴老無恙

松樹為百木之長，長青不朽；鶴，特別是丹頂鶴，是長壽、吉祥和高
雅的象徵。在中國傳統文化中，就把松和鶴聯繫起來，喻意長壽，如松鶴

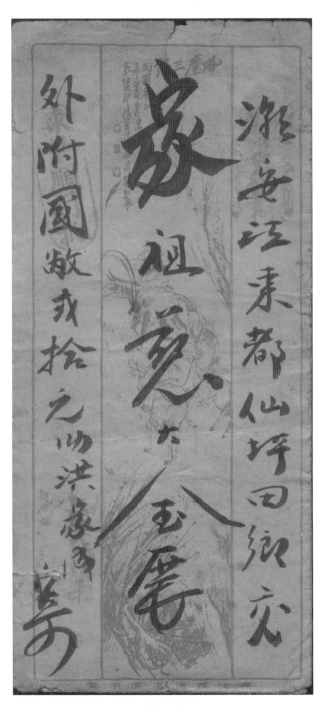

風塵三俠

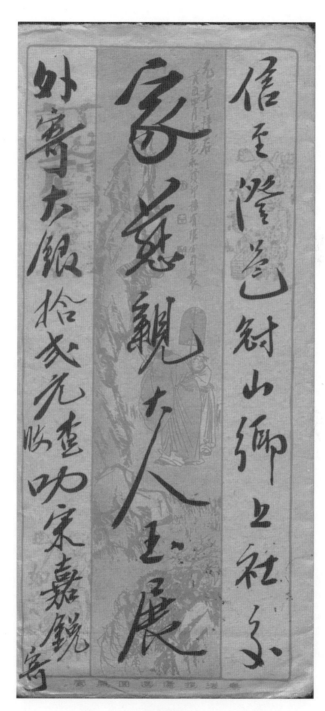

元章拜石

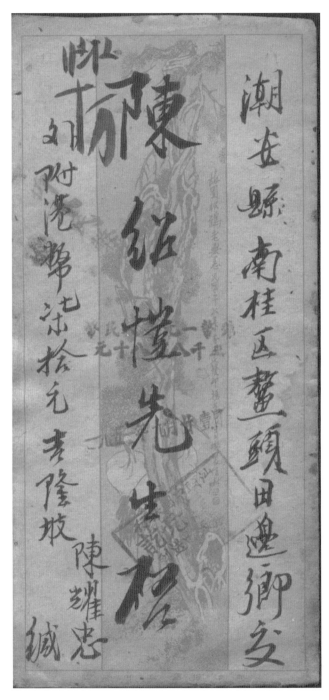

故園松鶴老無恙

延年、松鶴遐齡、松齡鶴壽、松鶴長春等。僑批封圖「故園松鶴老無恙」，
明顯是一句問候語：家鄉的父老們別來無恙？亦是一句祝壽語，祝願家鄉
的父老像松鶴一樣，長壽健康。

封由香港永發印務有限公司監製，1937 年出品。

紫綬金章

封圖中，一樹紫藤花倒掛於水邊，幾隻金魚妖嬈擺尾，圖題「紫綬金
章」。紫綬，就是紫色綬袍；金章，即金印。借指高官顯爵。明‧吳承恩《西
遊記》第四回中有：「芙蓉冠，金碧輝煌。玉簪珠履，紫綬金章。」封圖用
紫藤花和金魚，寓意「紫綬金章」，為民間傳統吉祥表現手法。

封由香港永發印務有限公司監製，約 20 世紀 30 年代出品。

秋林獨步

「秋林獨步」與「秋山行旅」一樣，是中國山水畫題材中最為熱門的題
材。這大概也因為這類題材一方面符合中國文人的審美旨趣，另方面也符
合普羅大眾的審美追求，即所謂雅俗共賞。如明沈周、唐寅均有《秋林獨
步》圖留世。

封由香港永發印務有限公司監製，20 世紀 30 年代出品。

八百長春

封圖為八隻八哥鳥栖息於樹上，圖題八百長春。清華巖有《八百遐齡
圖》，畫的也是八隻栖息於樹上的八哥鳥。這裏的「遐齡」，是為老年人高
壽的敬語，指高齡。

封由香港永發印務有限公司監製，20 世紀 30 年代出品。

彭澤高蹤

此封圖借鑒了明代畫家陸治傳世最早的同名作品而作，畫中涵義跟晉
代隱士陶淵明有關。陶淵明曾任彭澤縣令，後人亦就常以「彭澤」代指他。
陶淵明在歸隱故鄉之後，除了讀書、寫作外，也種菜、種花，像老農、老
圃一樣過日子。

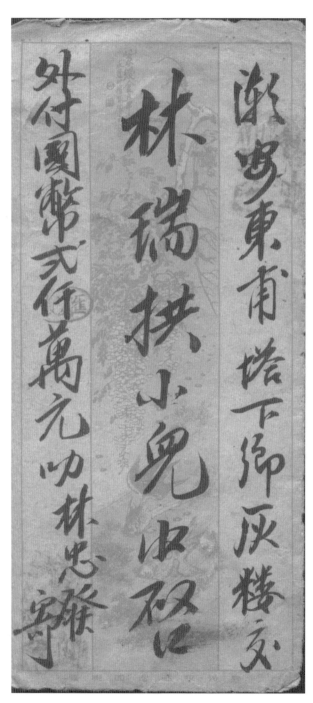

紫綬金章

閩安第七都西林鄉橋腳大宗祠邊送

砛勤業先生外

外世國幣柒拾萬之越

程仰輝　緘

秋林獨步

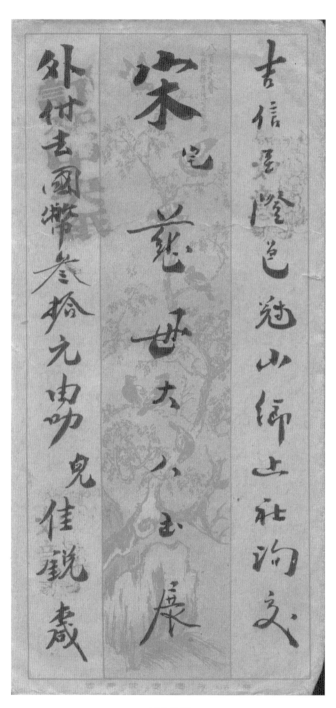

寄信至隆邑冠山鄉上社詢交

宋　宅

龍世大人玉展

外付去國幣叁拾元吩

見　佳銳緘

八百長春

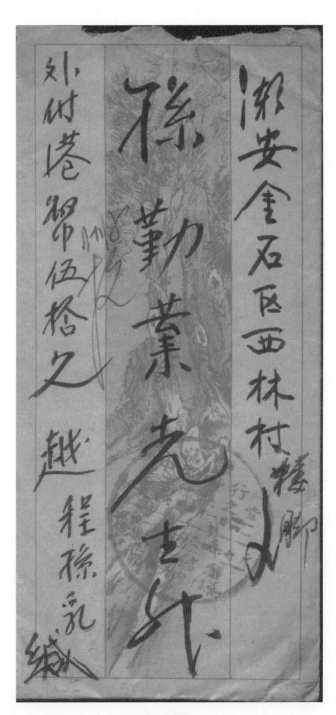

彭澤高蹤

封由香港永發印務有限公司監製，出品年代不詳。

彭澤高風

封圖畫的是松樹和菊花。「彭澤」指陶淵明；「高風」，即高風亮節。結合題圖的意思，即是陶淵明一生，猶如松菊般高風亮節。陶淵明獨愛菊花，他在《歸園田居》中寫道「三徑就荒，松菊猶存」。意思是園中的小路雖然已經荒蕪，但高興的是松樹和菊花還在。松樹和菊花都代表高風亮節。

松下橫琴

封圖畫一位古人坐於深山之巖石上，面前橫放一古琴，上為松樹環繞，圖題「松下橫琴」。「松下橫琴」四字，取自清沈復的對聯：「巖前倚杖看雲起，松下橫琴待鶴歸。」沈復（1763 年—1825），字三白，號梅逸，長洲（今江蘇蘇州）人。清代文學家。著有《浮生六記》。工詩畫、散文。

封由香港永發印務有限公司監製，出品年代不詳。

竹深留客處，荷淨納涼時

圖題詩句，是杜甫五言詩《攜妓納涼晚際遇雨》中的兩句。封圖刻畫詩人正坐在竹林下聚精會神地彈琴。但見遠處，荷葉田田，荷花盛開，輕風生浪，催詩好雨正待降臨……

封由香港振興公司監製，出品年代不詳。

雲壑秋高

這又是一幅以「秋」為題材的山水圖景。或許是受明末畫家藍瑛《雲壑秋高圖》的影響，作品氣象崚嶒，秋意濃郁。

香港永發印務有限公司監製，出品年代不詳。

4. 帶批局（信局）名稱的專用封

批局印製帶自己名號的專用批封提供給寄客使用，在 20 世紀 30 年代之後普遍存在，只是各國在時間上有早有慢。泰國因為整個 20 世紀 30 年代

彭澤高風

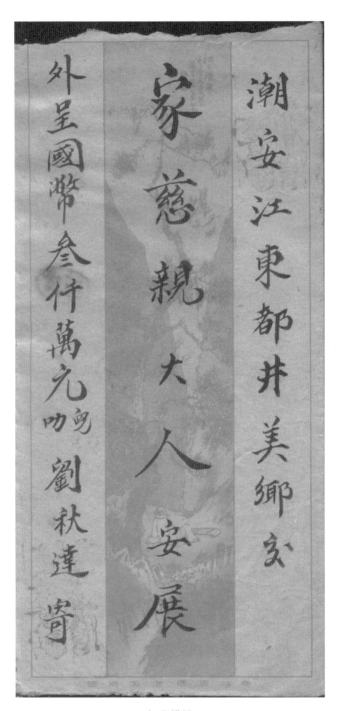

潮安江東都井美鄉玄

家慈親大人安展

外呈國幣叁仟萬元吻 劉秋達 寄

松下橫琴

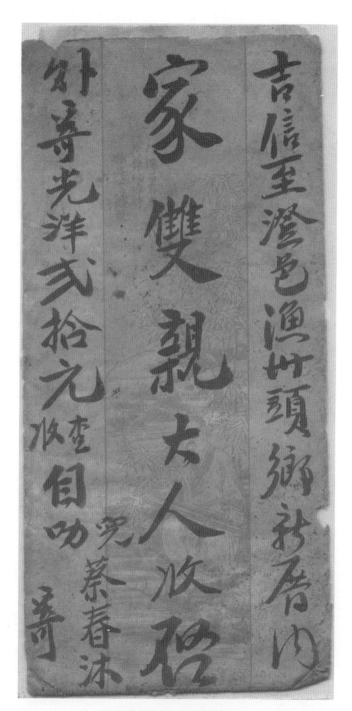

吉信至澄邑漁州頭鄉新厝內

家

雙親大人收啓

外奇光洋弍拾元收查目助

男蔡春沐寄

竹深留客處，荷淨納涼時

雲壑秋高

基本使用泰國郵政局發行的郵資封，要等到 40 年代之後批局才有自己印製帶批局名稱及業務的專用批封；相比之下，東南亞其他國家的批局如菲律賓、印度尼西亞、新加坡等在 20 世紀 30 年代甚至更早便開始使用印有批局名稱和廣告的專用批封提供給顧客使用。從使用實例看，泰國批局印製的帶批局名稱及業務廣告的專用批封，更多的是以中式信封格式印製，而其他東南亞國家及地區的批局，則多為採用西式信封印製。泰國批局印製的專用批封還有一個特點就是 20 世紀 40 年代初期的批封，外觀形式比較簡潔，沒有附帶批局的業務廣告，之後才慢慢印製各種廣告，且信封用紙在 1940 年大都使用米白色紙，1941 年之後基本都使用紅色紙。

巨港高隆興匯兌信局

批封由印度尼西亞巨港高隆興匯兌信局印製。批封用米白色紙、紅色文字印刷，正面仿照中式紅框封設計。封頂端橫排右讀「高隆興匯兌信局 / 第　幫 / 第　號 /KO LING HIN」；封右邊豎寫讀豎「廈門番仔街 / 正大公司收轉」；下端英文：TO/Messrs.CHENG TAI/AMOY；左邊豎寫豎讀：付信人緘。

從該封實寄時間 1930 年 12 月 6 日（郵戳時間）看，該封應該在 20 世紀 20 年代末期 30 年代初期印製並使用。

巨港福南公司匯兌信局

批封由印度尼西亞巨港福南公司匯兌信局印製。批封使用米白色紙、紅色文字印刷。封正面用紅線分隔成上、中、下三部分。上端橫排右讀「巨港福南公司匯兌信局」/HOK LAM & CO/ PALEMBANG/（BUMATRA）/ 大馬路門牌六十六號電話四百二十一號。中間部分用 4 條豎線隔成 5 部分，自右至左分別印上豎讀文字為：送至廈門興安街交 / 光遠信局收轉 / 至交 / 收啟 / 外付福南信局國銀員正 / 付信人緘。最下部分橫寫：TO/ MESSRS KONG WAN SIEN KIOK/AMOY/（CHINA）。

批封實際使用時間 1935 年。

巨港高隆興匯兌信局　　　　　　巨港福南公司匯兌信局

巨港元興有限公司僑信部

　　批封由印度尼西亞巨港元興有限公司僑信部印製。批封用淺灰底色白色菊花圖案、紅色文字印刷。封正面用紅線分隔成上、中、下三部分。上端沒有文字。中間右邊豎讀：鼓浪嶼四叢松Ｎ五七三／華南信局轉；左邊用紅線圍成像中式紅框封一樣三部分。紅框內自左至右為：至交／外付國幣／付信人（橫排右讀）械。最下部分又分為上、下兩部分，上端紅底白字，橫排右讀：巨港元興有限公司僑信部；下端紅字自右至左豎排：遞送貴府／候取回文／不另工資／迅速依期／交款便利／如蒙付託／無任歡迎／電話一四八／信箱九十八。

　　批封實際使用時間1940年前後。

馬泰盛信局

泰國馬泰盛信局印製。1940 年前後，使用了 10 年的郵資封基本用完，在泰國郵政部門沒有再印製的情況下，各批信局便開始製作帶有自己名號的信封。

馬泰盛這件中式紅框封，用米白色紙，用花式圖案組成紅框；右邊在下端印「交」一字；中間紅框內留空；左邊自上之下印「外匯（橫排右讀）／馬泰盛信局（橫排右讀）／國幣緘（豎排）」。全封設計簡潔，沒有業務廣告。實寄時間 1940 年 3 月。

嘉裕銀信局

泰國嘉裕銀信局印製。封以「信簡」形式設計，淺紅色紙，正面深紅色框線分上下兩大部分。上部橫排右讀「嘉裕銀信局／電話：二〇八九五

巨港元興有限公司僑信部

馬泰盛信局

嘉裕銀信局

號／暹京石龍軍路噠叻仔門牌八二五至八二七號」；中間自右至左豎排「列
字第　號／送至　交／收　外附國幣　元暹羅　寄／中華民國　年　月　日；下方（紅
框外）橫排右讀「無法投交退回原寄」。

　　封背面亦分上下兩部分，沒有框線，深紅色文字排版。上部文字（橫排
右讀）「佳音捷報」；下部文字（豎排右讀）「本局專收潮梅各屬僑批／辦理各
省市縣匯兌接理／國家銀行存款銀信保家／回批快捷諸君光顧無任／歡迎」。

暹京南昌隆銀信局

　　泰國南昌隆銀信局印製。信封以紅框封形式設計，淺紅色紙，深紅色
文字。正面紅框內文字分上下兩部分。上部文字橫排右讀「暹京南昌隆銀
信局／住三聘米街尾／信編門牌四百六十九號／專收潮梅各屬銀信及各港
匯兌／電話：二三三〇一」；下部文字（豎排右讀）「信至　交／啟／港幣　暹
京　寄／列字第號」。封背面空白無文字圖案。

暹京南昌隆銀信局

永昌利匯兌銀信局

泰國永昌利匯兌銀信局印製。信封以紅框封形式設計，粉紅色紙，深紅色文字。封正面分上中下三部分。上部文字橫排左讀「永昌利匯兌銀信局／暹京／三聘鹹魚街／門牌四百三十三號 電話二三四八二號」；中部橫排左讀「列字號」；下部豎排右讀「邑 交／啟／外附港幣 元 暹羅寄」。封背面無框線，紅色文字。上部左上角印小紅框，裏面豎排「郵票」兩字；中間印一飛機圖案；下部豎排右讀「營業：／本局專收國內各縣／香港銀信各港匯兌／分局／汕頭（橫排右讀）潮安三橫街四號／普寧流沙市中華路」。

此封跟上面幾種豎排中式封的文字排版有所不同，有左讀，亦有右讀。

20世紀40年代中後期至20世紀50、60年代，泰國其他批局的專用信封基本就是上面這幾種形式，這裏不再一一敍述。

永昌利匯兌銀信局

蔴坡福南公司

20 世紀 40 年代至 50 年代，馬來西亞蔴坡福南公司利用一種「山水圖案」批封，在其封背面印製了香港味力廠出品的味精廣告圖案，並在該廣告圖下方，寫上「蔴坡福南公司敬贈」。

二、西式信封

亦稱橫式信封。適用於橫行書寫名址的信封。僑批使用西式信封，主要出現在新加坡、馬來西亞、緬甸等國家。

麻坡福南公司（正背面兩圖）

1. 郵資信封

　　1837 年，英國羅蘭‧希爾出版了一本書《郵局改革的重要性與可行性》，提議改革郵政服務。希爾建議簡化整個郵政服務體系，大幅降低郵費，不再按用紙數量計費，而按照重量計費。最重要的是，希爾提議，不論收件地址在哪，同一地區價格一致，且由寄信人付費（以往都是由收信人付費）。1840 年，希爾的提議得到採納，郵局推出兩種預付費方法——買郵票或者用郵資郵簡或郵資信封。

　　這之後，世界各國競相效仿英國郵政部門的做法發行郵票和印製帶郵資的郵簡或信封。

　　如 1930 年，泰國郵政部門印製了一款郵資信封，該信封的郵資圖案為深藍色的拉瑪七世王頭像，郵資面值 15STD，為國際資費郵資封。此後 10

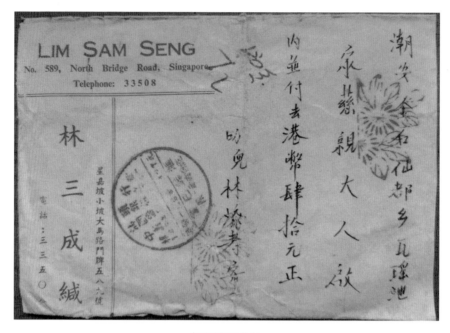

新加坡西式封

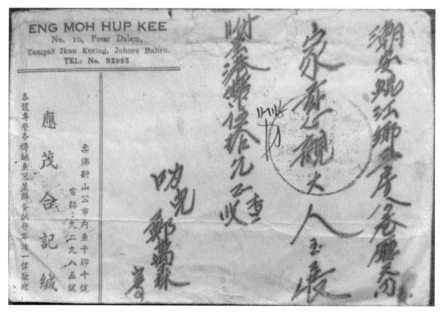

柔佛（馬來西亞）西式封

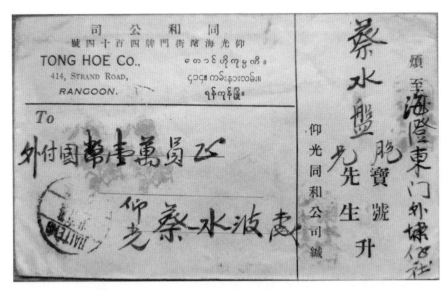

仰光（緬甸）西式封

年，即自 1930 年至 1940 年前後，全泰國各地的批信局，均用此郵資信封寄遞批信。寄批者只需把寫好的批信套入這種郵資封，然後寫上所寄銀數和名址，不用再貼郵票，就能交批局收寄了。

泰國郵資信封

2. 非郵資信封

（1）無文字圖案信封

即利用市面售賣的普通沒有圖案的西式信封。此種信封使用者因為使用習慣，常常仍然按豎式書寫方式使用。

（2）印文字或圖案信封

印刷有文字及圖案的西式信封種類繁雜，但歸納起來亦就兩大類，即商品信封和非商品信封。

商品信封即是市面上售賣的信封。這類信封為了吸引顧客，自然在設計上下了一番功夫，如印上各種風景、花鳥、人物等圖案，而且這類信封還是成套的發行。

非商品性信封，大都為單位信封。這類信封的特點除了印有單位名稱外，常常還印有各種業務或商品廣告。

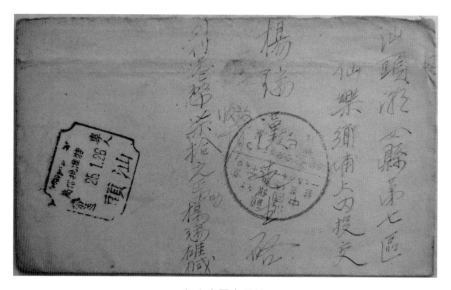

無文字圖案信封

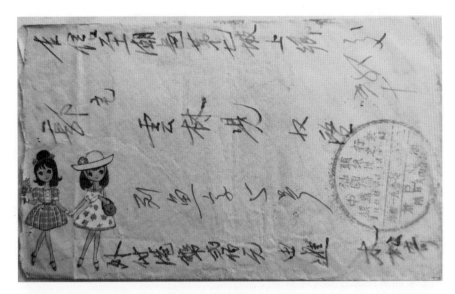

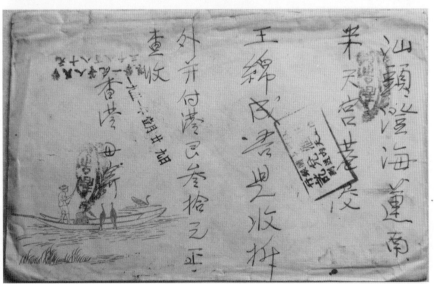

印圖案的商品信封

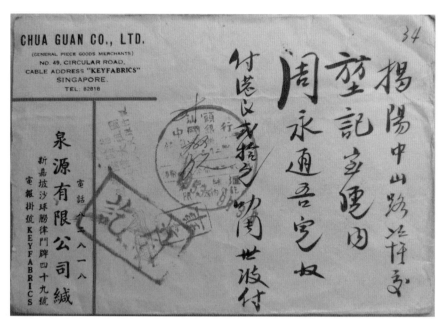

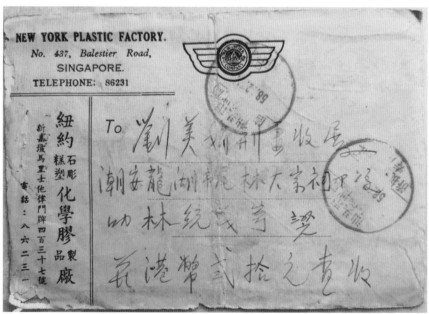

印單位名稱信封

　　華僑寄批利用這兩類信封，當然是為了方便起見，不過信封上的各種圖案及廣告文字等信息，亦可以讓我們一窺當年的社會風貌、人情世俗乃至審美時尚等等。

西貢僑匯處規定信封

　　20 世紀 40 年代前後，越南西貢僑匯處設計一種專門用於華僑寄批信用的信封。信封正面橫式規格設計，上部文字為「西貢僑匯處規定信封」，文字兩側飾以輪船和飛機圖案；信封右側橫格文字：「NO/C.N.$」；信封中間豎排文字「國幣　圓正」；信封左側豎排文字「匯寄／生生啟／寄」。

3. 航空信封

　　航空信封就是按萬國郵政聯盟規定的航空信件標準設計的信封。為便於識別和郵局分揀郵件人員分揀，航空信封規定信封四周必須印有紅藍色相間隔的斜形花條。一般在信封的顯眼位置還印有「MY AIR MAIL」（和／

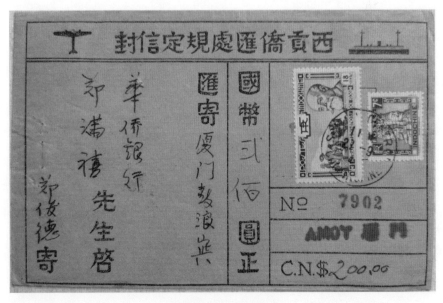

西貢僑匯處規定信封

或「航空」字樣）。大部分航空信封批信都不是實際按航空寄遞的批信，只是利用這種信封來裝信件而已。20 世紀 40 年代後期，泰國許多批局印製專用批封時，為了吸引顧客，往往亦在信封上印各種航空信信息，如飛機圖案或文字廣告等。

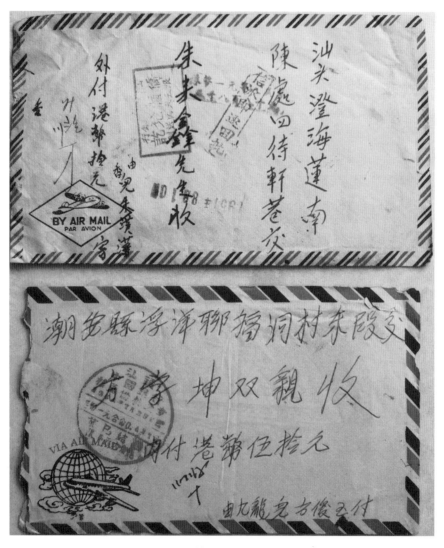

航空信封

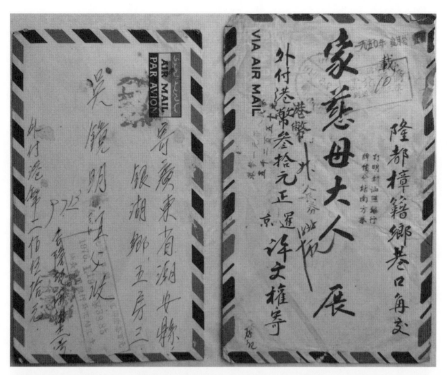

航空信封

4. 新年信封

　　顧名思義，就是用於中國農曆新年期間寄遞批信的專用批封。此種信封多為 20 世紀 60 年代之後使用，且目前看到的基本是從香港寄入大陸潮汕僑眷的批信。批封圖案有「年年有餘」、「一航風順」、「富貴花開」「恭賀新禧」等。

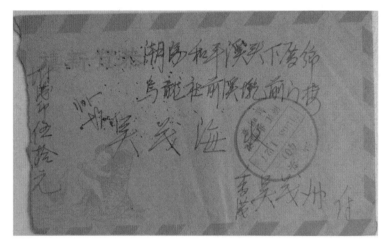

年年有餘

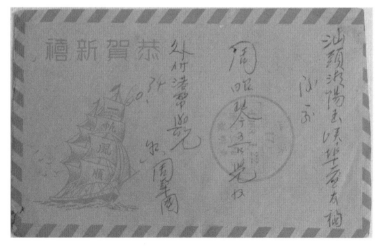

一帆風順

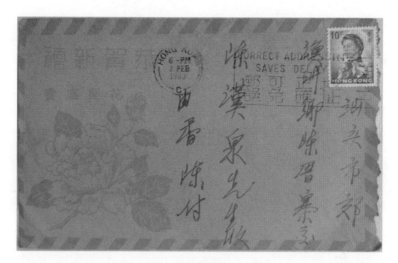

富貴花開

恭賀新禧

信箋之美

　　信箋，即是信紙。中國文人一直把信紙稱為「信箋」。在唐代，信箋有紅箋、翠箋、彩箋、魚箋、雲箋、鳳箋、鸞箋、蠻箋、花箋、錦箋、胭脂箋、桃花箋、十色箋、薛濤箋等等；宋代澄心堂有碧雲春樹箋，龍鳳箋、金花箋等華貴的宮中箋紙；元代紹興有粉箋、蠟箋、黃箋、羅紋箋等。穿越千年的風煙看這些燦若絲綢錦緞般的詩箋信箋當然是美不勝收，魅力無窮。遠的就不要再說了，單說民國時期，華僑在海外寄回的批信，便有各種各樣的「箋」。這些箋紙，當年承載了華僑的喜怒哀樂、人情世故，成為連結海外僑胞與家鄉親人的「紅絲帶」。如今，這些花花綠綠的信箋，猶如一扇扇時光窗口，幫助我們穿越歷史、穿越時空，回到那個時代，去感受、體驗、審視那個時代人們的審美觀、價值觀乃至人生觀以及對傳統文化的傳承。

一、普通信箋

1. 宣紙信箋

　　宣紙起源於唐，發展於宋，興盛於明清，傳承至今日，已然在中華史書上留下了極其重要的文化印記，承載着獨特的歷史價值與文化情懷，當然亦是旅居海外的華僑書寫批信的常用信紙。

　　為方便書寫（傳統毛筆字書寫和閱讀為豎寫右讀），宣紙信箋一般都印有固定間距的豎式小紅線，沒有統一規格，由各廠家自行裁制。如潮安粵興莊出品的信箋，規格是寬（長）53cmX高 26cm，行距 1.6cm；潮州昌記

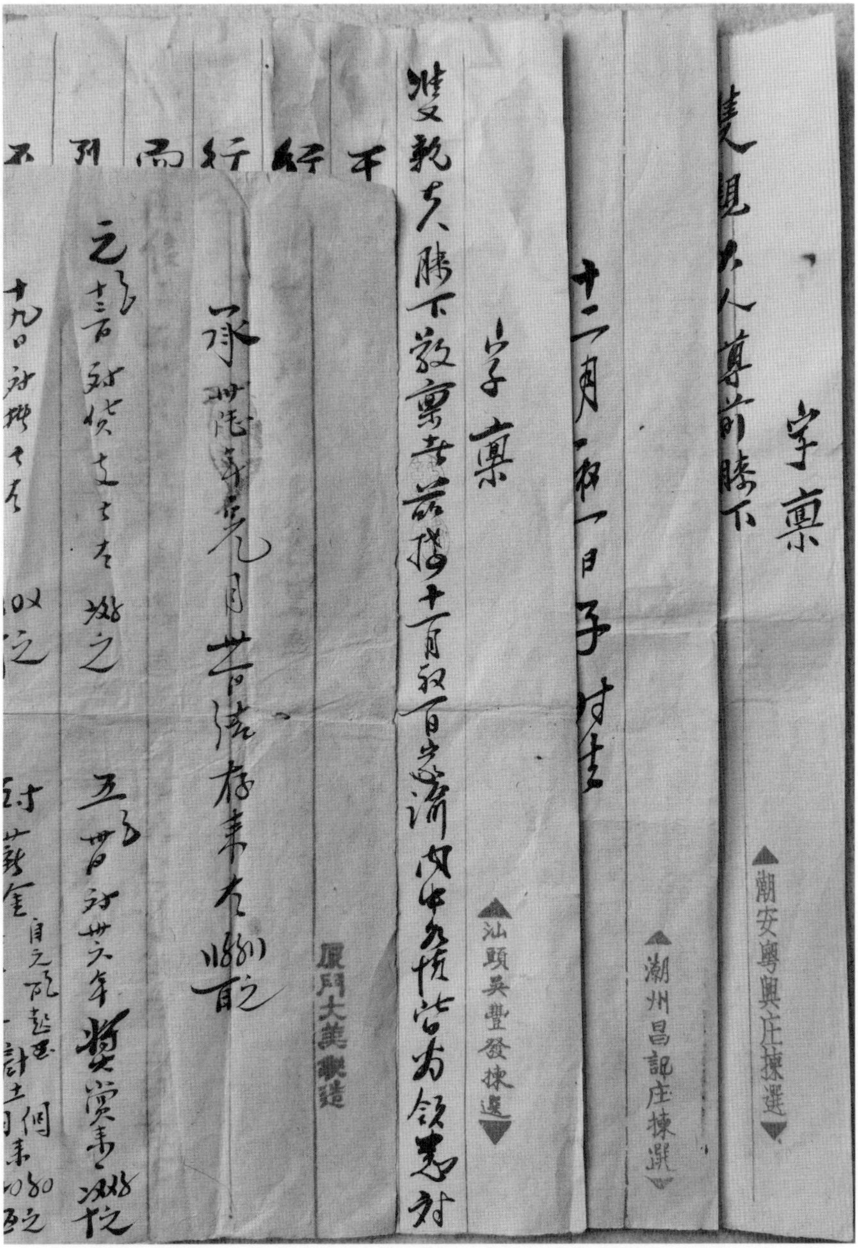

慈見大人尊前膝下

字稟

十二月一兩一日孚付生

字稟

雙敬大人膝下敬稟者茲�十一月初百分oo清oooo領oo

承oooo先生oo法oo oo百o

元oo oo候支ooo oooo

十九日oooo oo oo

五o oo卅六年oo寶o ooo

oo o自oo oo oo 計土個oo oo

不　列　而行　行　不

▲潮安粵奧庄揀選▼

▲潮州昌記庄揀選▼

▲汕頭吳豐發揀選▼

辰月大義揀選

宣紙信箋

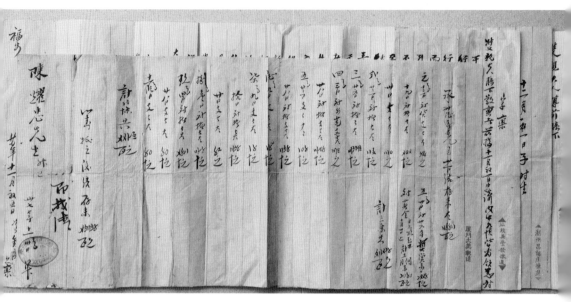

宣紙信箋

莊出品的信箋，規格約寬（高）50cmX 高 25.5cm，行距 1.6cm；汕頭吳豐發出品的是寬（長）55cmX 高 25.5cm，行距 1.5cm；而廈門大美出品的信箋規格則是約寬（長）48cmX 高 22cm，行距 1.8cm。

　　這裏需要說明一下，因為發現在測量宣紙信箋的長（寬）度時，紙的右邊因印有生產廠家容易辨別，而左邊甚少有印生產廠家銘記，大都由使用者隨意裁切，有些宣紙信箋可能還是卷盤紙，故很難量出實際長度。不過筆者發現，極少部分超過 50cm 的長信亦大都在 50cm 左右便用漿糊接續。

　　宣紙信箋還有一款是加圖案花邊的，圖案一般有魚形圖、梅花圖等，下面這款宣紙信箋是魚形梅花圖案間插裝飾。

上海世界書局紅色宣紙信箋

　　如圖是由上海世界書局印製的一款紅色宣紙信箋。信箋沒有圖案，屬於通用型信箋。可用於喜事、賀年等方面。

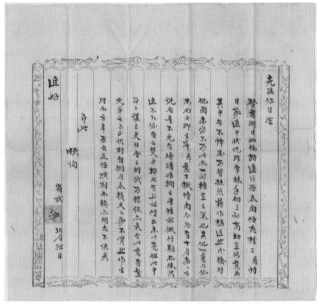

宣紙信箋（魚形圖案間梅花圖案）　　　　　　諸葛廬出品

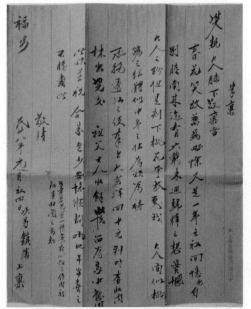

紅色宣紙信箋（上海世界書局印製）　　　紅色宣紙信箋（上海世界書局印製）

2. 郵簡式信箋

郵簡是介於明信片和信件之間的一種郵政用品，一般分為郵資郵簡和非郵資郵簡兩類。因其未使用時的特徵是一張信紙，郵寄時摺疊成信封，閱讀時又必須展開成信紙。故還是把它歸在信箋類。

郵資郵簡必須由各國郵政部門發行，非郵資郵簡則一般商家均可發行，只是必須按規定的規格發行。

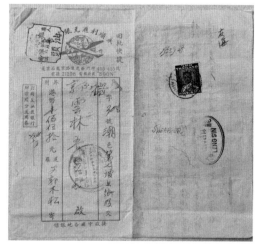

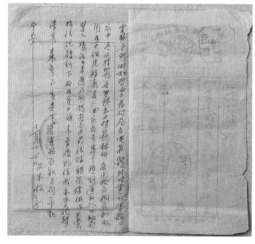

郵簡式批（信）箋內、外面

　　20世紀40年代至70年代，泰國各批局普遍提供此類帶批局名稱的自製非郵資郵簡供寄客使用。

　　印度尼西亞的巨港南通興公司匯兌兼出入口商於20世紀40年代後期亦曾委託巨港晉益印務所印刷一款摺疊後成中式紅框封的非郵資郵簡（信箋），贈寄客使用。

3. 圖案信箋

賀年信箋

　　顧名思義，就是用於農曆春節期間的信箋。一般都用紅色紙，有些還特意加上充滿年節氣氛的吉祥圖案及文字，如「恭賀新禧」等。

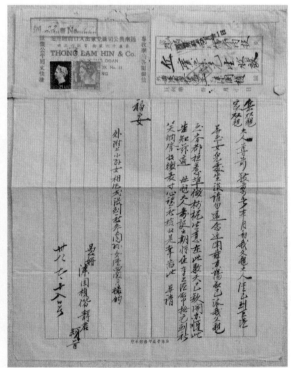

印度尼西亞郵簡式批（信）箋

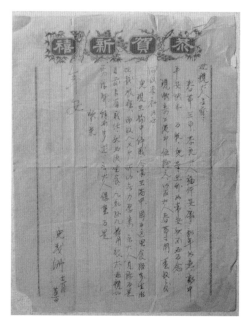

恭賀新禧（松竹梅圖案）

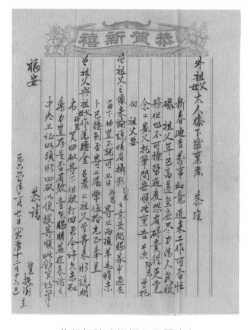

恭賀新禧（蝙蝠牡丹圖案）

美術信箋

美術信箋又稱花箋。即是在信箋上加印各種花卉、人物、風景等圖案的信箋。早期的美術信箋多為彩色宣紙加印圖案化水印。20 世紀 30 年代之後，美術信箋圖案及用紙更加多樣化。

20 世紀 30 年代至 40 年代，僑批信箋中較為流行的圖案主題有「航空救國」「抗戰」「英雄救國」「風景」「明星」「勝利箋」等等。這些美術信箋有的是國內印刷出品，有的則是海外華僑開辦的印刷廠出品。

臥薪嘗膽，永矢勿忘

這是一個勵志故事。《史記‧越王勾踐世家》記載，戰國時期，吳國打敗了越國，越王勾踐被迫進入吳國作奴僕，後用范蠡的計策才得返國，於是他臥薪嘗膽，整治國政，厲兵秣馬，終於滅掉吳國。薪：柴草。睡覺睡在柴草上，吃飯睡覺都嚐一嚐苦膽。形容人刻苦自勵，發奮圖強。

信箋用紙宣紙，淡檸檬黃底色，水印文字和隔線均為綠色。「臥薪嘗膽，永矢勿忘」以篆書縷空形式豎排右讀。

信箋由香港永發印務有限公司監製，1928 年出品。

梅花高士圖

《墨子‧兼愛下》：「吾聞為高士於天下者，必為其友之身，若為其身，為其友之親，若為其親，然後可以為高士於天下。」又，《後漢書‧列女傳序》：「高士弘清淳之風，貞女亮明白之節。」

總之，所謂高士者，就是指志趣、品行高尚的人，超脫世俗的人。多指隱士或得道的道士。

勿忘國恥

信箋用紙米白色紙，分上下兩部分。上部主圖為紅色的山東省地圖，橫貫地圖左右用白色篆書橫排書寫「勿忘國恥」四字。左邊是「濟南慘案」的英雄蔡公時。下部寫信部分以紅色豎線為隔線，最左邊印「中華民國年月　日」；信箋下部橫排右讀「岷尼拉端文齋精製」。

信箋使用時間 1929 年。

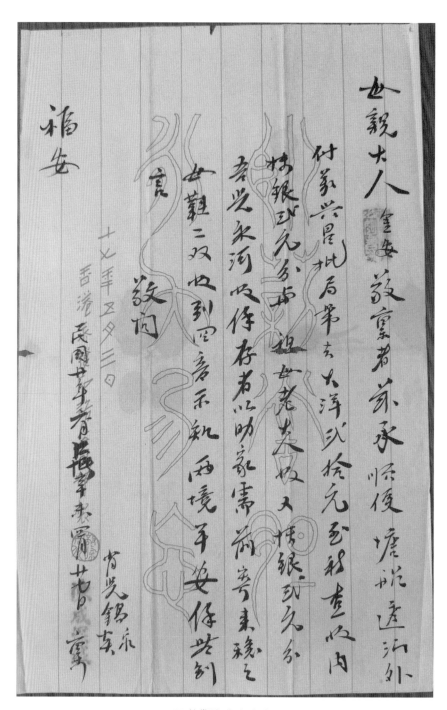

世親大人 金安 敬稟者 茲承順便 塘畝 遞沪外

付兼興昌批局第壹大洋貳拾元毫查收內

特銀五元 分 與祖世老共收 又憑銀五元 分

兒覺來沪收存者以助家需前塞素穀之

如難三双收到望示知而境平安保托到

寬 敬內

福安

香港 民國廿年肖月 承寄 苗 男寄

十七年五月二日

兒覺錦示

臥薪嘗膽 永矢勿忘

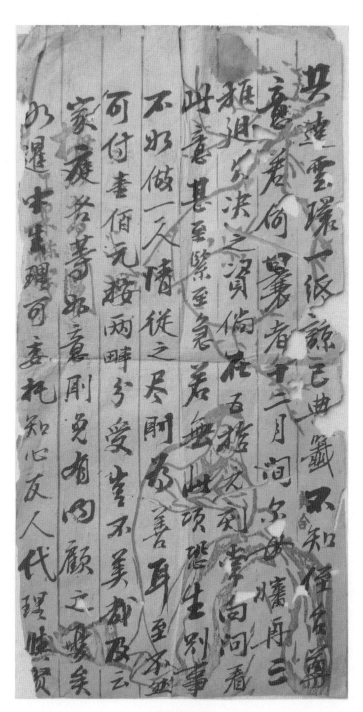

其妙靈環一紙諒已典籤不知佳否甚

意者十二月間尔婦孀再三

雅過家决之資倘店之列掌高問看

此意甚至緊至急若無此項懸生別事至不到

不妨做一天情從之盡刪耳至不到

可付畫佰元按兩畔分受豈不美枚及云

家處善尋邶意刪免省内顧之娛矣

以遲士生璭可喜托知心友人代理懷貸

梅花高士圖

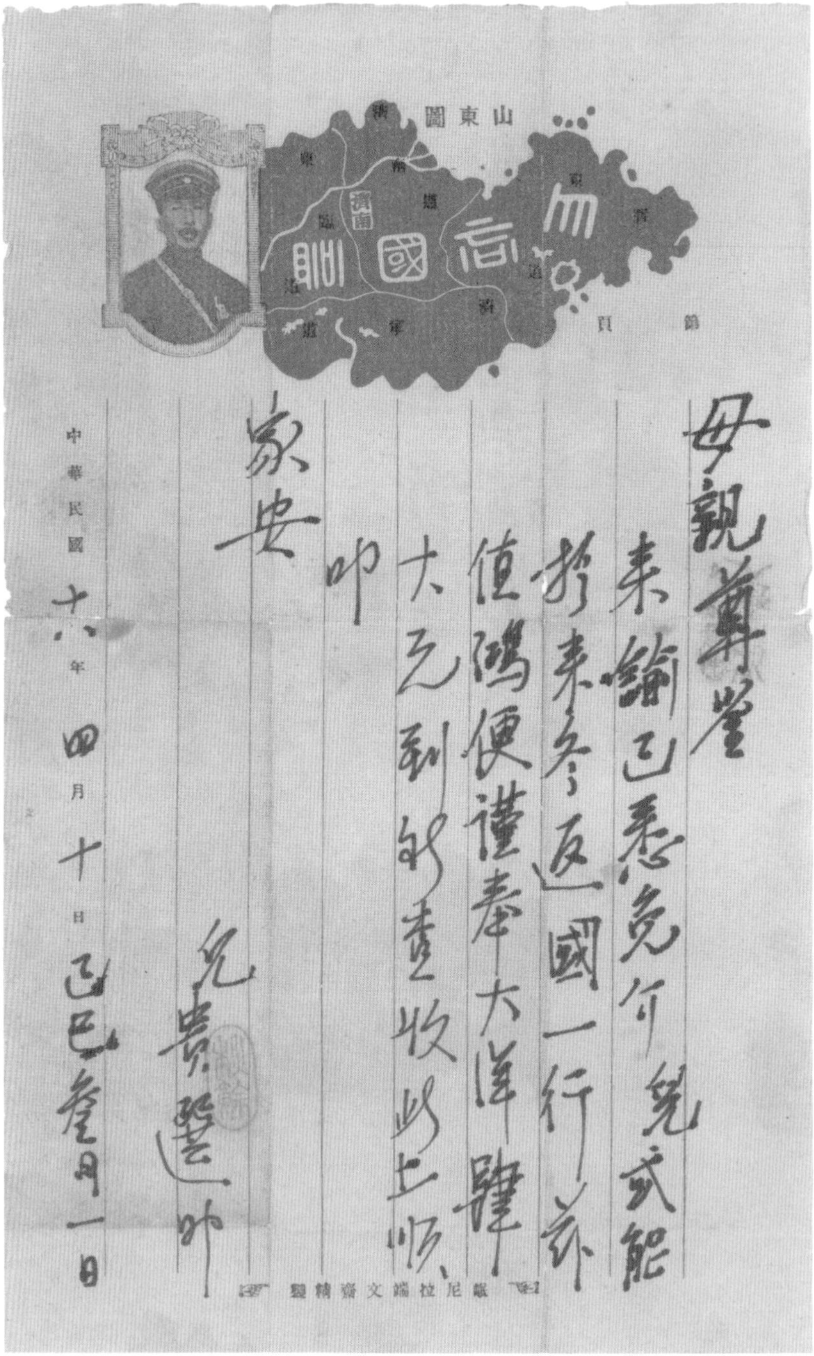

勿忘國恥

山東圖

母親尊鑒
來諭已悉兒何兒弍能
於本冬返國一行茲
值鴻便謹奉大洋肆
大元到祈查收此上順
叩
家安
兒貴選叩
中華民國十八年四月十日
己巳叁月一日

勿忘國恥

毋忘國恥

信箋用紙米白色紙。信箋名稱「毋忘國恥」用美術體設計，設計者利用裂開的心和射向心的箭，象徵中華民族的國難和國恥。

星洲日報制贈。

還我河山（一）

信箋用紙米黃色，紅色油墨印刷。信箋上部行書「還我河山」，其餘空白。

未知印製者和印製時間。

還我河山（二）

信箋底色淺綠色，正中間用綠色線條草書（縷空筆劃）「還我河山」四個大字，落款岳飛。

下部橫書「怡朗友聯匯兌信局印贈。

還我河山（三）

信箋底色米黃色，正中間用赤色線條草書（縷空筆劃）「還我河山」四個大字，落款岳飛。

下部橫書「怡朗友聯匯兌信局印贈。

還我河山（四）

信箋底色淺粉色，正中間用褐色線條草書（縷空筆劃）「還我河山」四個大字，落款岳飛。

下部橫書「怡朗友聯匯兌信局印贈。

總理遺囑（一）

信箋米白色紙，綠色油墨印刷。信箋上部中間印孫中山先生照片，兩邊以總理遺囑文字為裝飾。

新加坡南洋印務公司出品。

總理遺囑（二）

信箋米白色紙，紅色油墨印刷。信箋上部「總理遺囑」飾以菊花圖案；

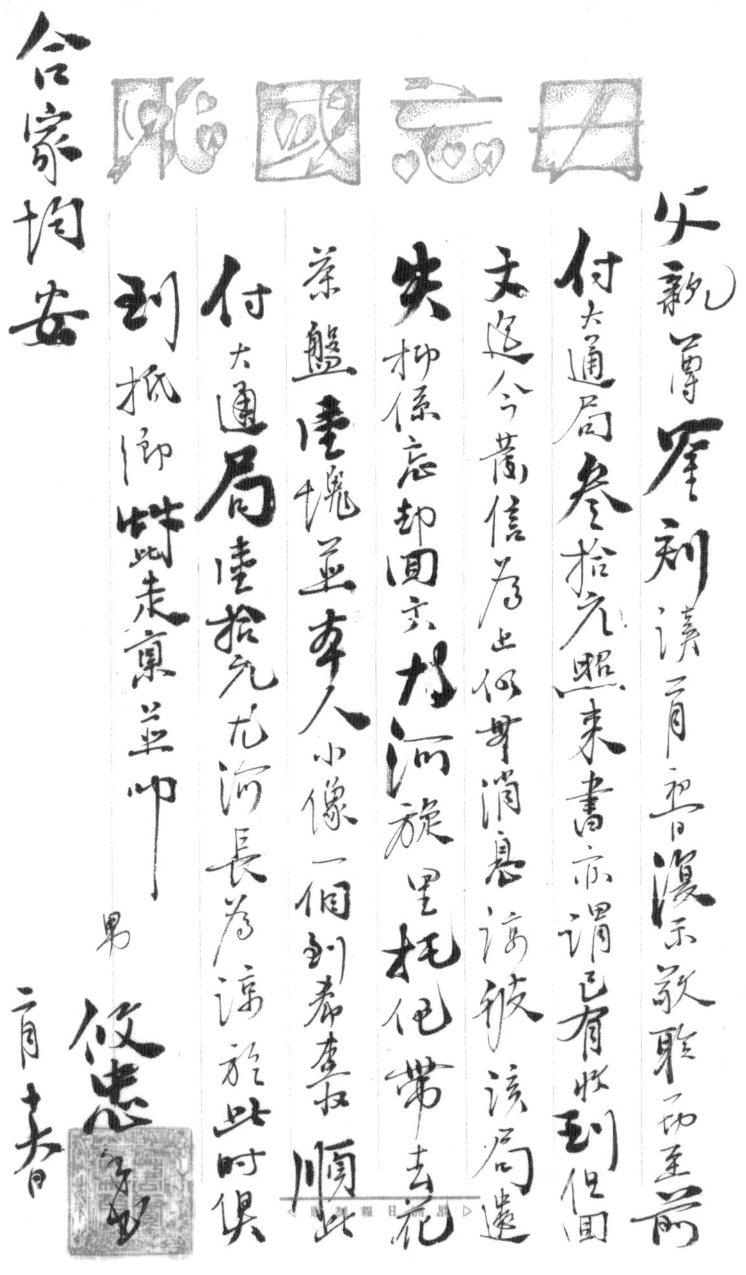

合家均安

父親尊鑒敬稟者讀有平復示欵聯而至前

付大通局叁拾元照來書示謂己有收到但個

未逢今尚信為止何知消息該彼後該局還

失柳係店抑闾内扵河旋里托佢帶去花

茶鹽塊並本人小像一個到春奉拍順此

付大通局叁拾元尤河長為海於此時俱

到抵卿特跑走東華帥

男

育春　佼忠

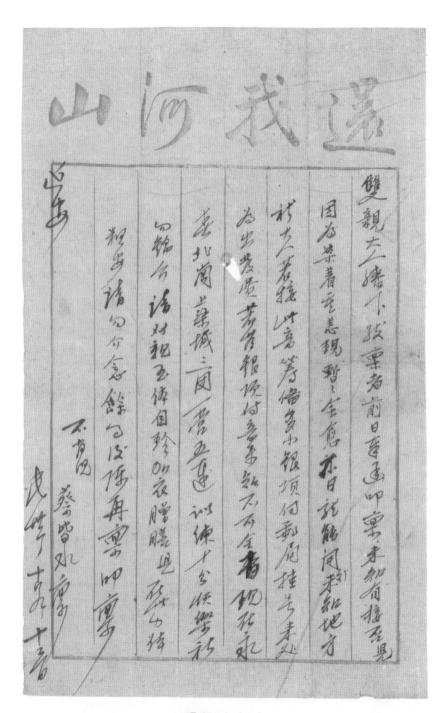

還我河山（一）

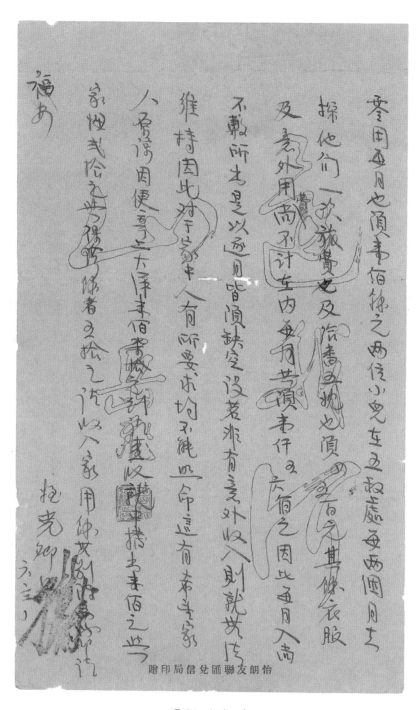

還我河山（二）

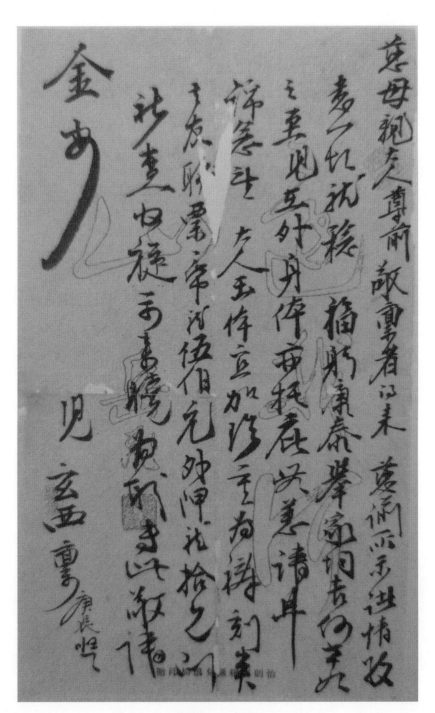

還我河山（三）

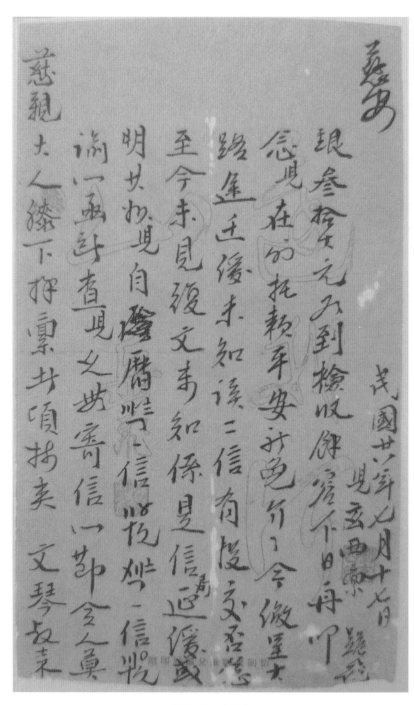

還我河山（四）

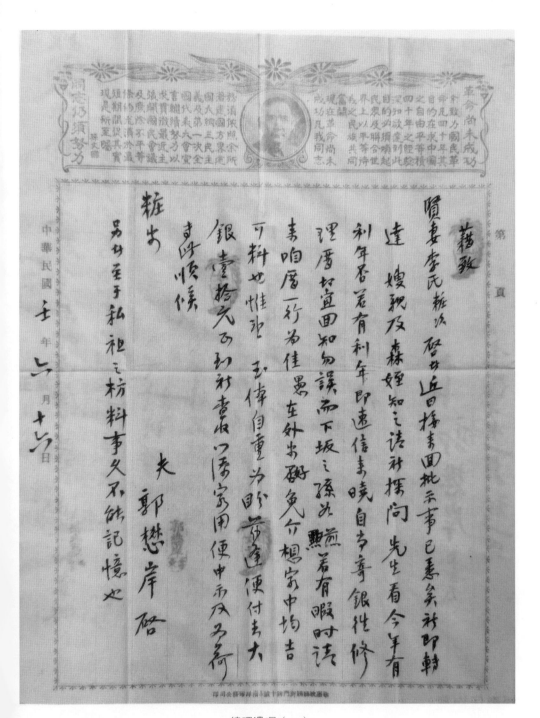

革命尚未成功

同志仍須努力

孫大總統

余致力國民革命凡四十年，其目的在求中國之自由平等。積四十年之經驗，深知欲達到此目的，必須喚起民眾，及聯合世界上以平等待我之民族，共同奮鬥。現在革命尚未成功，凡我同志，務須依照余所著建國方略、建國大綱、三民主義及第一次全國代表大會宣言，繼續努力，以求貫徹。最近主張開國民會議及廢除不平等條約，尤須於最短期間，促其實現。是所至囑！

第　頁

逕致

賢妻李氏粧次　啓者近日接書囝批示事已悉矣新卯即幹

達嫂親及森娌知之語社探向先生看今年有

利年君若有利年即遠信事曉自方壽銀性修

理厝捉宣囝知勿誤而下坂之孫汝煎若有暇時諸

壽啕厝一行為佳愚左外出辦免介想家中均吉

可料如惟耶　玉體自重為卯節達便付去大

銀壹拾元口勿新書唐以潘家用便中亦及叧荷

妝安

寺咩順候

另外至于私祖之粉料事久不能記憶也

夫　郭懋岸　啓

中華民國壬年六月十六日

總理遺囑（一）

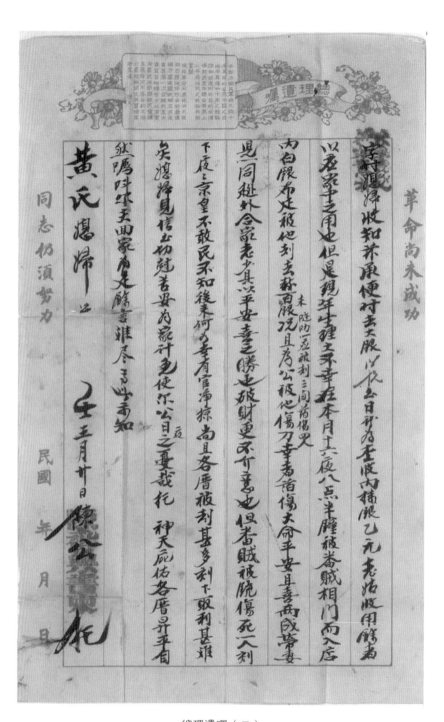

總理遺囑（二）

信箋兩邊豎排孫文手跡「革命尚未成功，同志仍需努力」。

未知出品單位。

總理遺囑（三）

信箋米白色紙，紅色油墨印刷。信箋上部「總理遺囑」飾以菊花圖案。

未知出品單位。

總理遺囑（四）

信箋米白色紙，紅色油墨印刷。信箋上部右側橫排右讀孫文手跡「革命尚未成功，同志仍需努力」；左側孫文像。

未知出品單位。

總理遺囑（五）

信箋米黃色紙，紅色油墨印刷。信箋上部「總理遺囑」飾以菊花圖案。

未知出品單位。

抗日箋

1933 年 7 月由日軍策動、部分蒙古王公參與組建的為蒙疆政府聯合委員會，以及李守信的察東特別自治區。1936 年 5 月，在日軍的扶植下，這兩個政權合併成偽蒙疆聯合自治政府。

1936 年前後，上海良晨好友社遂印製了一套「抗日箋」，目前收集到的有三種，分別如下：

1.「小日本狗」。信箋米白色紙，紅色油墨印刷。信箋上部書「抗日箋」，上部左邊畫一漫畫：一隻站立的小狗，小狗背上有一紅色圓點，暗示「小日本狗」；小狗對面畫一隻站立在橫木杆上的「蒙」鳥，象徵「偽蒙疆聯合自治政府」。信箋右邊豎排文字「同胞速起！抗日救國！」；信箋左邊豎排漫畫名「早滴狗涎，何所逃命？」。

2.「倒在血泊中的母親」。信箋米白色紙，紅色油墨印刷。信箋上部書「抗日箋」，上部左邊漫畫：一位母親懷中抱着小孩，倒在血泊中，小孩正呼哭着叫「媽媽」；另一邊是一穿着「和服」的男子，手裏緊握一把手槍，

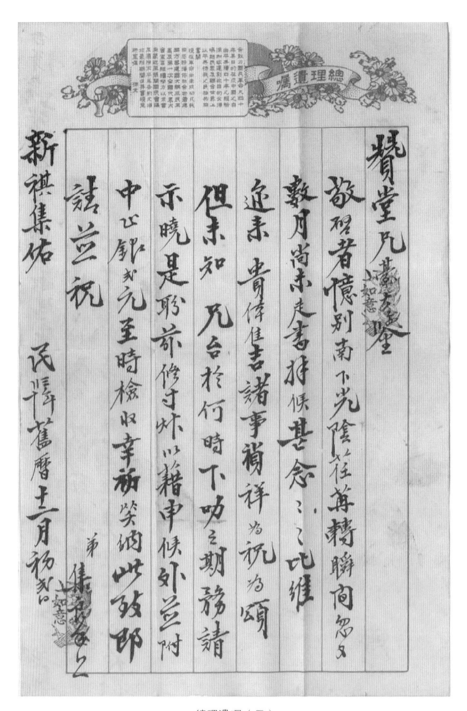

贊堂兄 □□□□□鑒

敬啟者憶別南下光陰荏苒轉間忽又

數月尚未走書拜候甚念心比維

邇來貴體佳吉諸事徜祥為祝為頌

但未知兄台於何時下叻之期務請

示曉是盼前修寸牋以藉申候外玆附

中山銀壹元至時檢收幸福笑納此致即

諸玆祝

新祺集佑　民□□舊曆十二月初□□

弟集□□□

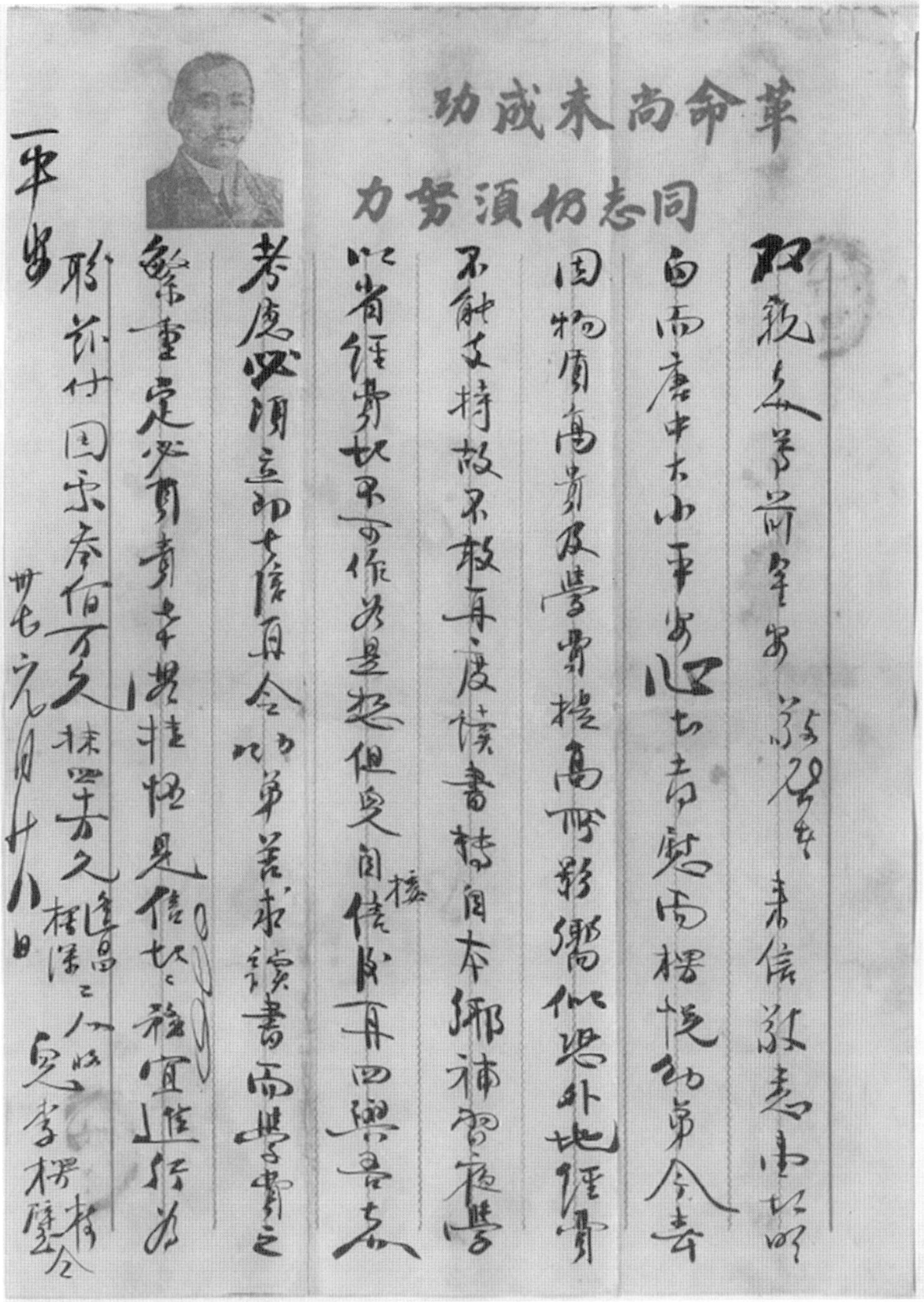

革命尚未成功
同志仍須努力

以省經費以不再作為是想但是自信自勉再四興吾志矣

考慮必須立即來信再會求讀書而要學習之

不能支持故不教再度讀書譬自本師補習夜學

國物質昂貴及學費提高形影儔似與外地相等

同而唐中古小平安心占吾慰而擺悅幼第今去

叩稟父母前拿安蒸兒專來信敬志由此叩

繁重定必賣畫幸與挂慮是信恕雜宜進行為

孝慮必須立即來信百令此第尋求讀書而要學習之

聘訴仁因宗奉伯萬元　妹罘方久　棵深□八呎　冕孝樱麿令

一平安
世毛元月廿八日

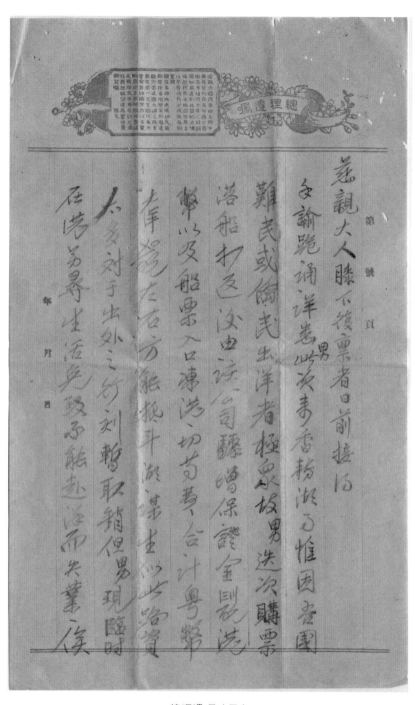

慈親大人膝下敬禀者日前接得

手諭跪誦洋洋大篇為壽香捗游子惟因查圍

難民或僑民出洋者極眾故男送次購票

搭船打返汶由该公司驗增保證金則改港

幣以及船票入口捧港切苟葬合計粤幣

攀籌窮左右萬猴難狩游謀生然以此路資

人多对于出外三行刘暫取銷但男現臨時

居港另尋生活免致不能速洋而失業侯

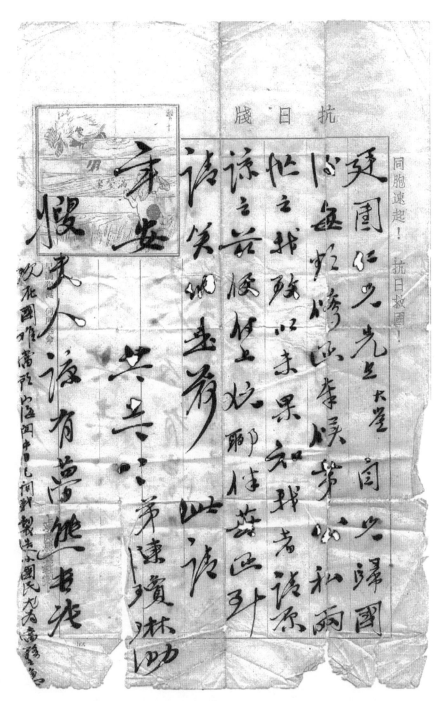

抗日箋（「小日本狗」）

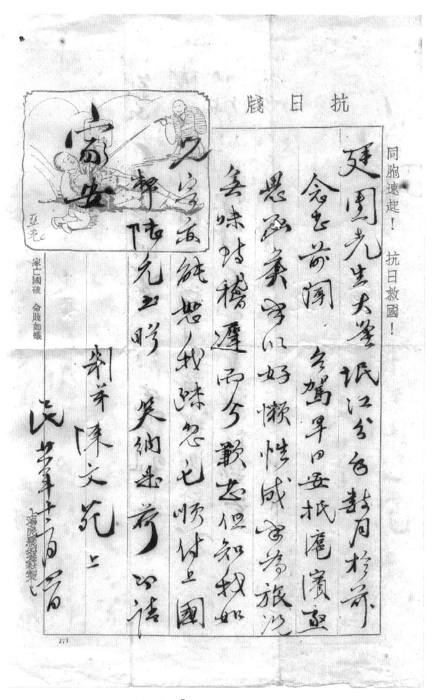

抗日箋（「倒在血泊中的母親」）

手槍射出的子彈正中血泊中的母親。信箋右邊豎排文字「同胞速起！抗日救國！」；信箋左邊豎排漫畫名「家忘國破，命賤如蟻」。

　　3.「同胞速起！抗日救國！」。信箋米白色紙，紅色油墨印刷。信箋上部書「抗日箋」，上部左邊漫畫：一位穿着和服的人手裏捧着一顆果子，果子寫「外蒙」。信箋右邊豎排「同胞速起！抗日救國！」；信箋左邊豎排漫畫名「入其手矣，就其口矣」。

救國英雄（蔡廷鍇軍長近像）

　　1932 年 1 月 28 日日本侵略軍悍然進攻上海。時駐上海的十九路軍軍長蔡廷鍇下令反擊，並同蔣光鼐等將領聯名通電全國，表示「尺地寸草，不能放棄」的決心。

　　以輕武器為主的十九路軍與隨後到達的第五軍共約 4 萬餘人，與裝備有飛機、軍艦、坦克的六七萬日本侵略軍血戰 33 天，迫使日軍四度易帥，死傷萬餘人，也無法攻佔上海。蔡廷鍇從此深得全國人民和海外華僑、港澳同胞的擁護和愛戴，被譽為「一代名將」、「抗日民族英雄」。戰後獲南京國民政府授予青天白日勛章。

　　時海外許多信局紛紛印製「救國英雄」信箋，供僑胞免費使用，以示對英雄的崇敬。

救國英雄（蔡廷鍇軍長近像）（一）

　　信箋米白色紙，紫色油墨印刷。上部主圖為蔡廷鍇將軍像，周圍飾以國旗及國民黨黨旗，橫排文字「救國英雄 / 蔡廷鍇軍長近像」；信箋中間以裝飾圖案圍成長方框並再分為左右兩部分。右邊部分豎排右讀預印部分信文：「敬 者茲逢郵便寄上國幣大元 / 到祈查收即希示慰為盼此間客況一切安好勿勞 / 錦注 貴體自重以慰遠懷臨筆依馳餘情詳後專此 / 敬請 / 安 年 月 日；左邊部分上部橫排右讀「敍事」，下部留空。信框外右邊豎排「列第 幫由信局送交」；左邊豎排「列 字第 幫嵌合」。

　　信框下部橫書右讀「革新書社監製」。

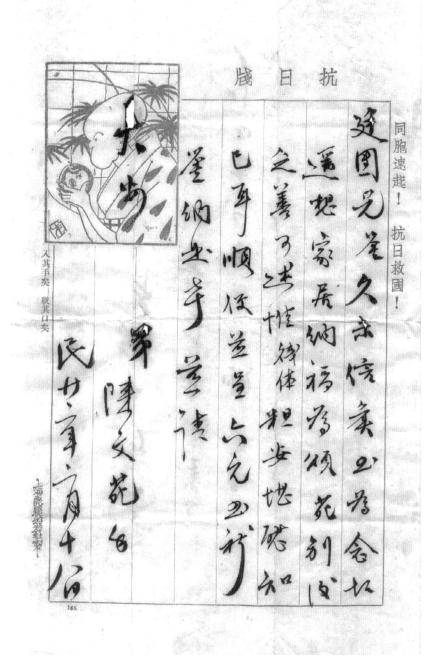

抗日箋（「同胞連起！抗日救國！」）

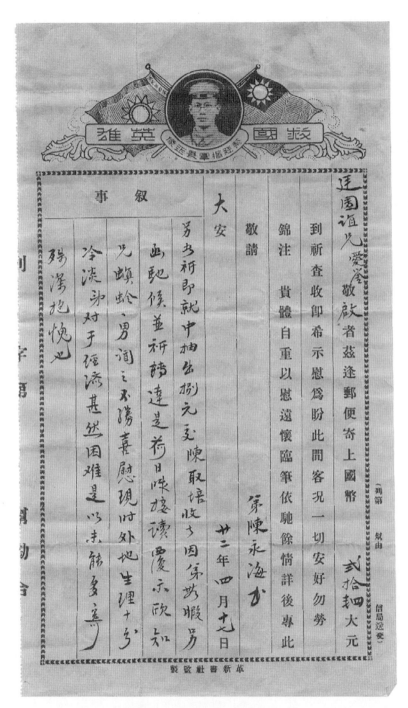

救國英雄（蔡廷鍇軍長近像）（一）

救國英雄（蔡廷鍇軍長近像）（二）

信箋米白色紙，墨綠色油墨印刷。上部主圖為蔡廷鍇將軍像，周圍飾以國旗及國民黨黨旗，橫排文字「救國英雄／蔡廷鍇軍長近像」；信箋中間以裝飾圖案圍成長方框並再分為左右兩部分。右邊部分豎排右讀預印部分信文：「敬 者茲逢郵便寄上國幣 大元／到祈查收回書示慰為盼客中一切安好請免介意深／望因時珍重以慰遠懷臨筆依馳餘情詳後專此敬請／ 安／ 年 月 日；左邊部分上部橫排右讀「敘事」，下部留空。信框外右邊豎排「列第 幫由信局送交」；左邊豎排「列 字第 幫嵌合」。

信框下部橫書右讀「中華報局監製」。

救國英雄（蔡廷鍇軍長近像）（三）

信箋米白色紙，橘紅色油墨印刷。上部主圖為蔡廷鍇將軍像，周圍飾以國旗及國民黨黨旗，橫排文字「救國英雄／蔡廷鍇軍長近像」；信箋中間留空；信箋框外右邊豎排「第 號 頁」；左邊豎排「年 月 日」。

信框下部橫書右讀「香港永發印務有限公司制箋」。

義勇箋

信箋淺綠色紙，深綠色油墨印刷。信箋上部橫排右讀「義勇箋」三字並飾以一騎馬揮刀戰士正跨越敵人的鐵絲網。

星洲日報星期刊遊藝場制贈。

航空救國箋

信箋米白色紙，藍色油墨印刷。信箋頂部主圖為一架飛機，飛機右邊豎讀「航空」兩字，左邊呈三角形排列、先右轉左讀「救國箋」三字，自右至左串聯成「航空救國箋」。

信箋右邊豎排「第頁」；左邊豎排「中華民國 年 月 日；信箋下部為信箋規格編號和印刷商名稱：

1410 Ave. Rizal, Manila 友聯印刷所義印義賣 P.O.Box 3212

福建省軍指揮長蔡廷鍇

叙事

全安

敬啟者茲逢郵便寄上國幣

大元

到祈查收凹書示慰爲盼客中一切安好請免介念深

望因時珍重以慰遠懷臨筆依馳餘情詳後專此敬請

母親大人

茜年　月　六日

救國英雄（蔡廷鍇軍長近像）（二）

中華報局監製

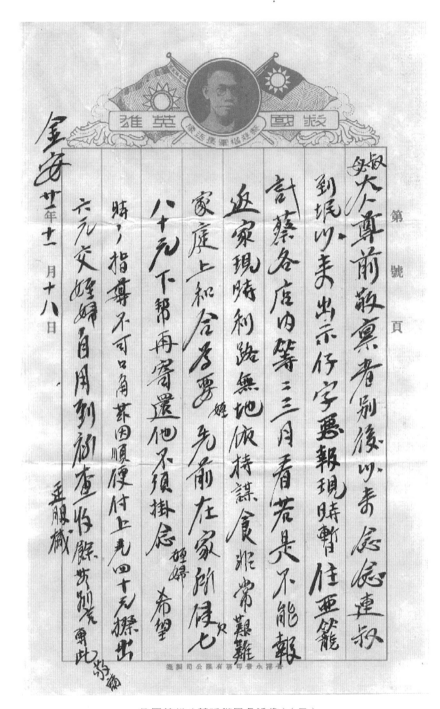

叔大人尊前敬稟者別後以來屐履連叙

到坭以來出示仔字要報現時暫住亞籠

討蔡各店內等三月看若是不能報

迺家現時利路無地依持謀食非常艱難

家庭上和合各要　姪先前在家所侍七

八十元下帮再寄還他不須掛念　姪婦希望

時々指尊不可口角恭因順便付上元四十元擦出

六元交姆婦自用到初查收縣英別光專此

金安

廿一年十一月十八日

姪服緘

救國英雄（蔡廷鍇軍長近像）（三）

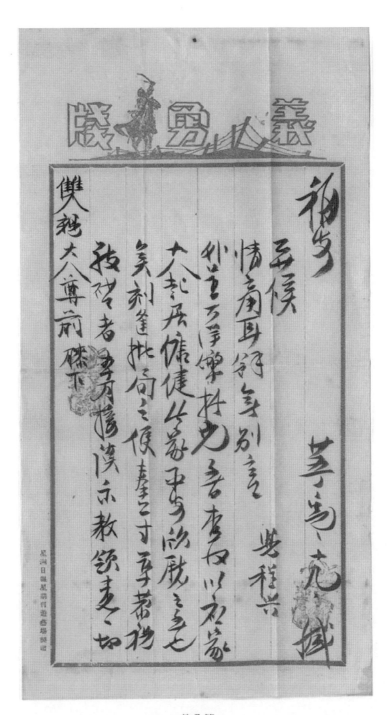

義勇箋

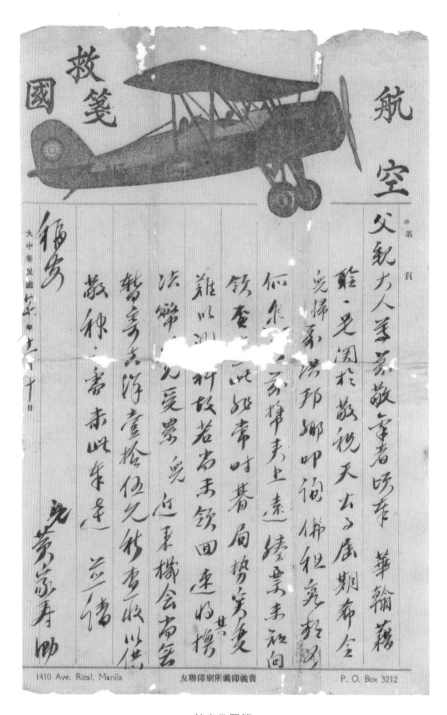

航空救國箋

航空信箋（一）

信箋米白色紙，紅色油墨印刷。頂部橫排右讀「航空信箋」；信箋右邊豎排「字 第 號」；左邊豎排「年 月 日」。

下部文字橫排右讀：暹京茂盛書局出品。

航空信箋（二）

信箋米白色紙，紅色油墨印刷。頂部中間主圖為一架飛機，自右至左橫排右讀「航空信箋」；信箋右邊豎排「第 號 頁」；左邊豎排「年 月 日」。信箋下部無文字。

勝利箋

信箋米白色紙，紅色油墨印刷。信箋上部自左至右為：持槍戰士、勝利箋（橫排左讀）、長期努力抗戰／達到最後勝利（橫排左讀）；信箋左邊豎排「年 月 日」，右邊豎排「檳榔嶼天成公司製造」。

勝利通用箋

信箋米白色紙，藍綠色油墨印刷。信箋文字均在上部。上部中央橫排右讀「勝利通用箋」，其右邊豎排右讀「抗戰勝利／山河收復／國際地位／列強並駕」；左邊豎排右讀「懿歟休哉／邦之光也／書此志念／如同面言」。上部的最下端中間橫排右讀「大中華民國 年 月 日」。

建國箋

信箋米白色紙，洋紅色油墨印刷。信箋分上下兩部分，上部正中由三個橫排圓圈組合，圈中楷書縷空文字右讀「建國箋」；背景飾以樓房、橋樑、工廠、汽車、飛機等圖案。下部由豎隔線及裝飾線組成。華光印務公司印。

風景信箋（湖南天心閣）

信箋米白色紙，赤褐色油墨印刷。信箋上部風景畫為湖南天心閣，鋼筆速寫。

香港永發印務有限公司發行。

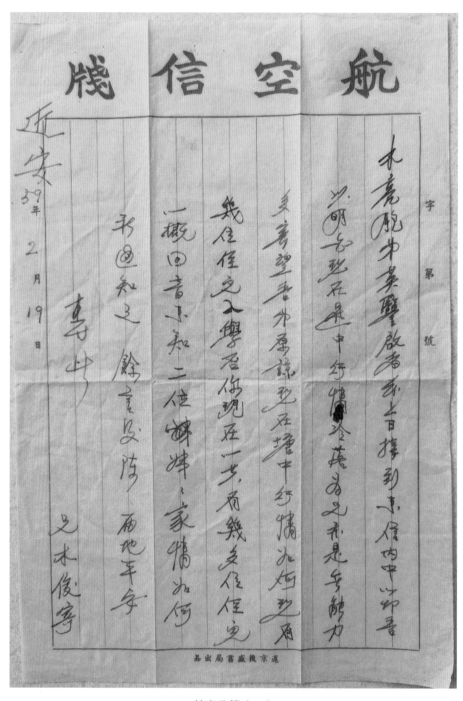

航空信箋（一）

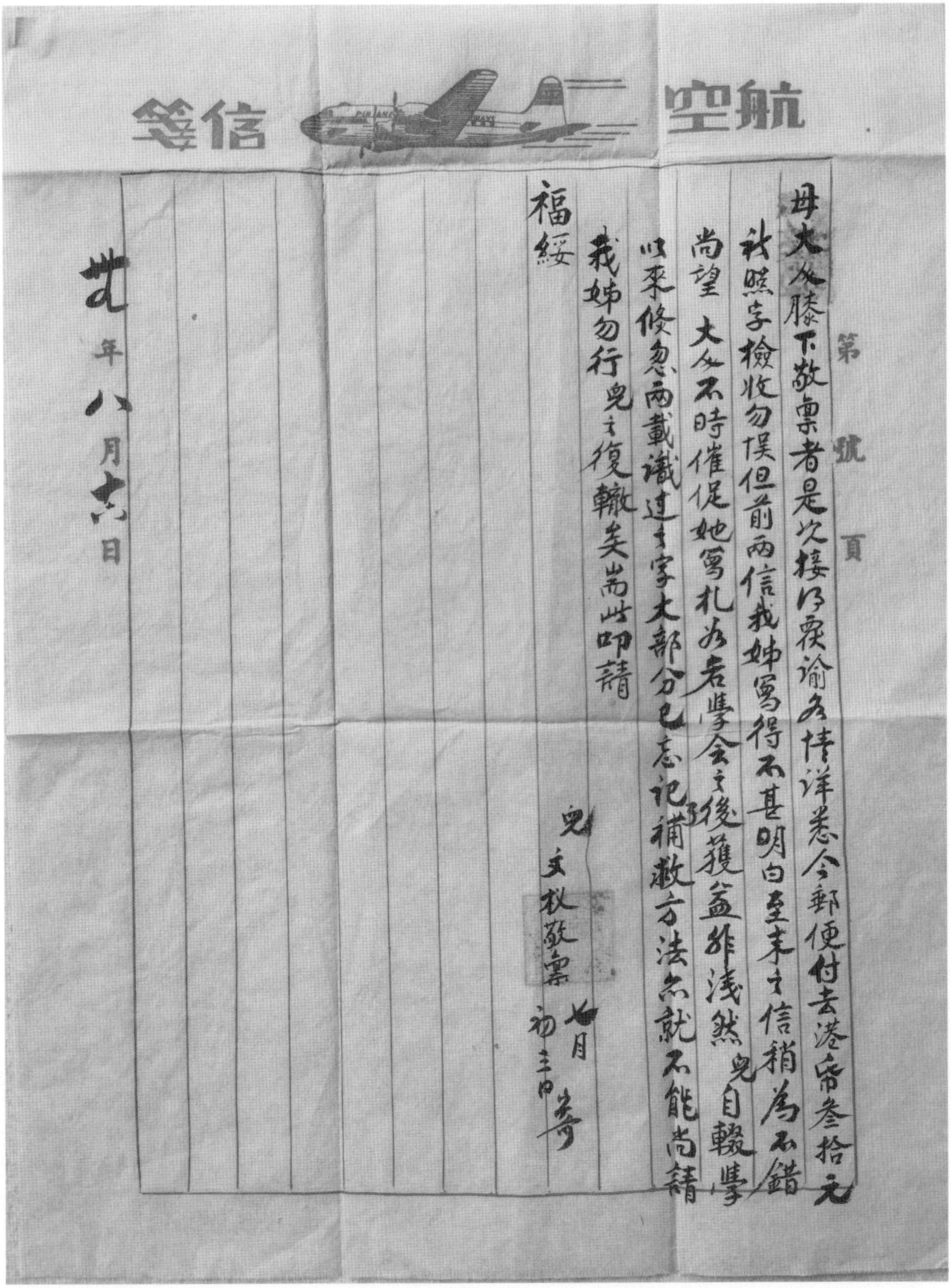

箋信　　　　空航

第　號　頁

母大人膝下敬稟者是次接奉慈諭各情洋恙今郵便付去港幣叁拾元
祈照字檢收勿悮但前兩信我姊寫得不甚明白至未之信稍為不錯
尚望　大人不時催促她寫扎為要學會之後獲益非淺然兒自輟學
以來倏忽兩載識过之字大部分已忘記補救方法无就不能尚請
我姊勿行兒之復轍矣肅此叩請

福綏

兒　文松敬稟
七月初三日

七年八月六日

航空信箋（二）

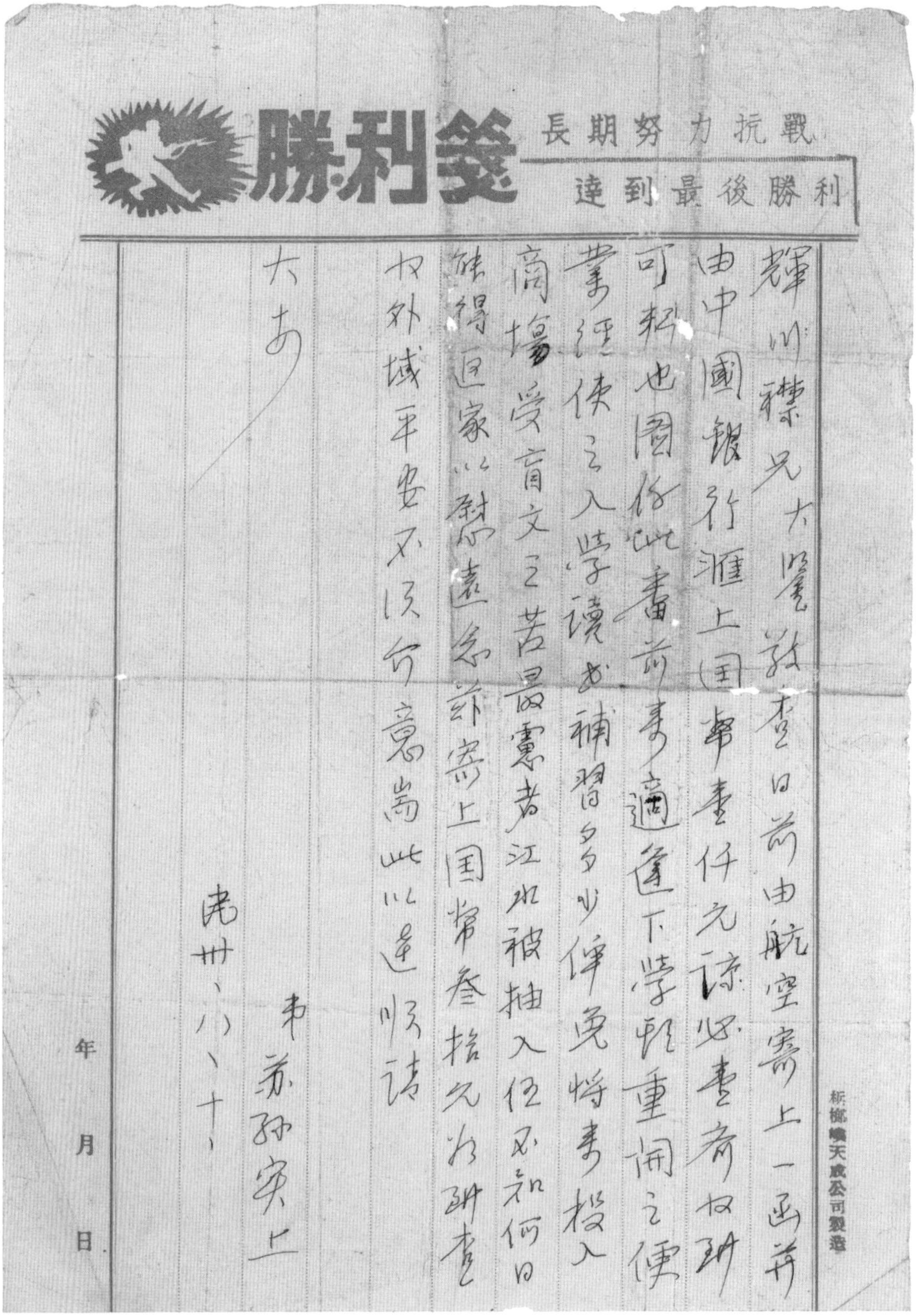

長期努力抗戰
達到最後勝利

勝利箋

輝川標兄大鑒 敬啟者日前由航空寄上一函並
由中國銀行滙上國幣壹仟元諒必查收珂
可松也圖復此書前寄適逢下學期重開之便
業經使之入此學讀 另補習多少俾免將来投入
商場受盲文之苦晨憲者江北被抽入伍不知何日
能得返家以慰遠念節寄上國幣叁拾元以研考
以外域平安不须介意尚此達順诸
大安

弟 蘇孫寅上

卅八、十、十一

杭州樂天成公司製造

年　月　日

勝利箋

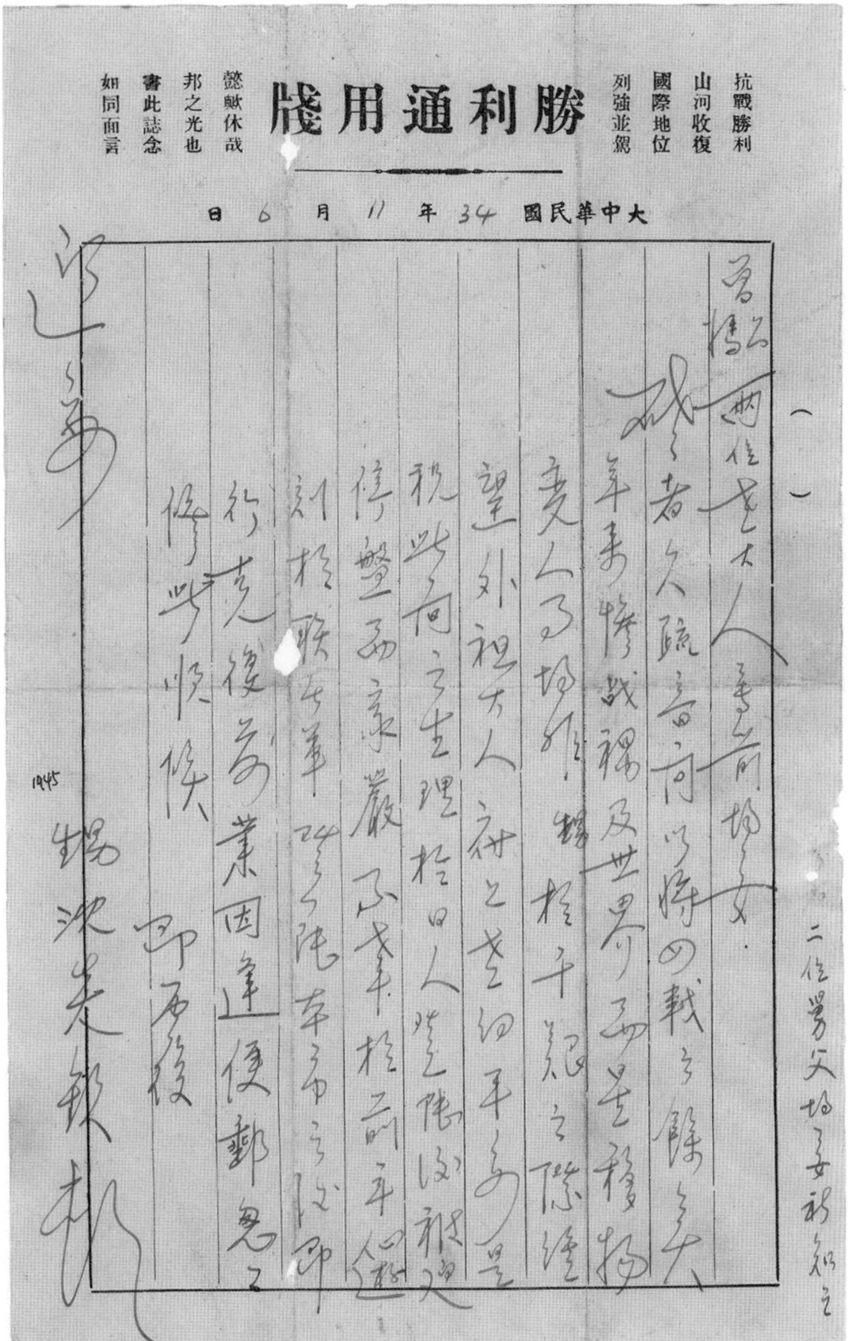

抗戰勝利
山河收復
國際地位
列強並駕

勝利通用牋

懿獻休哉
邦之光也
書此誌念
姻同面言

大中華民國 34 年 11 月 6 日

（一）

君攜兩信來大人……同堂二……
……者久疏音問以將四載矣餘多
年來將戰禍及世界可至移情……
麥人子均佳……將千起之際隆……
望外祖先人待之生扣平安……
停整而文生理格日人……租……
稅收而……
劉格……卒……軍……港年……
行先後高業因達便郵寄之
修……收候　　即頁後

1945

楊沈先銀枚

二位……父……妥新……之

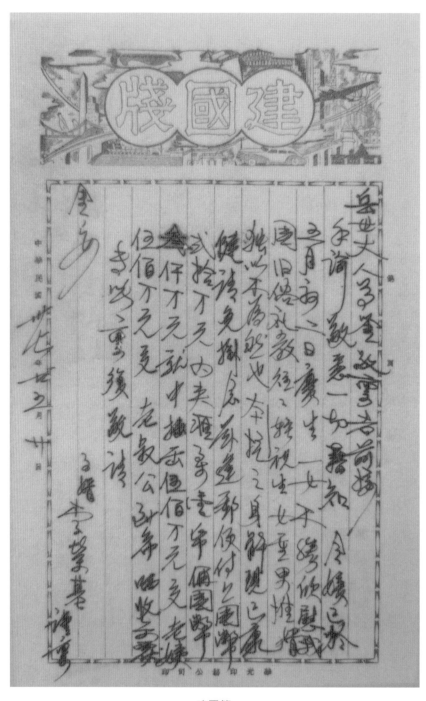

建國箋

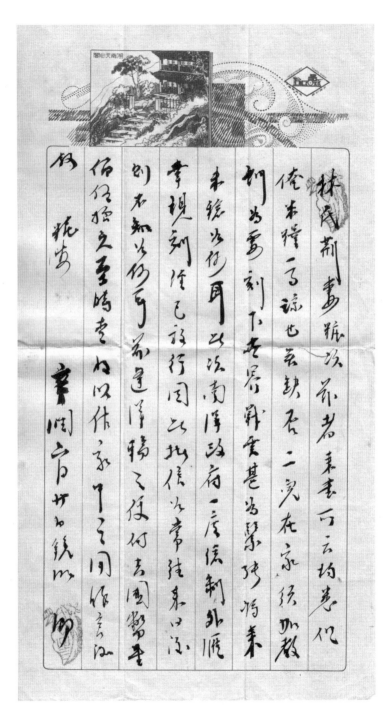

風景信箋（湖南天心閣）

風景信箋（北平北海）

信箋淺綠色紙，深藍色油墨印刷。信箋上部風景為北平（今北京）的北海公園景觀。

香港永發印務有限公司發行。

風景信箋（平湖秋月）

信箋米白色紙，深綠色油墨印刷。信箋上部風景畫為西湖風景，素描畫。

香港永發印務有限公司發行。

風景信箋（蘇堤）

信箋米白色紙，赤褐色油墨印刷。信箋上部風景畫為蘇堤，素描畫。

風景信箋（陝西華山）

信箋米白色紙，赤色油墨印刷。信箋上部風景畫為陝西華山，鋼筆速寫。

香港永發印務有限公司發行。

風景信箋（安徽黃山）

信箋米白色紙，綠色油墨印刷。信箋上部風景畫為安徽黃山，鋼筆速寫。

香港永發印務有限公司發行。

風景信箋（白描山水畫）

信箋米白色紙，藍黑色油墨印刷。信箋上部沒有文字，只用白描手法繪上山水人物，簡潔大方。

國花箋

信箋米白色紙，深紅色油墨印刷。信箋上部右邊橫排右讀「國花箋」，左邊以「中國畫」形式繪一梅花圖。

齊心箋

信箋米白色紙，赤紅色油墨印刷。信箋上部繪一心形及花草圖案；信箋右邊豎排「第　號　頁」；左邊豎排「年　月　日」。信箋下部文字：香港永發印務有限公司制箋。

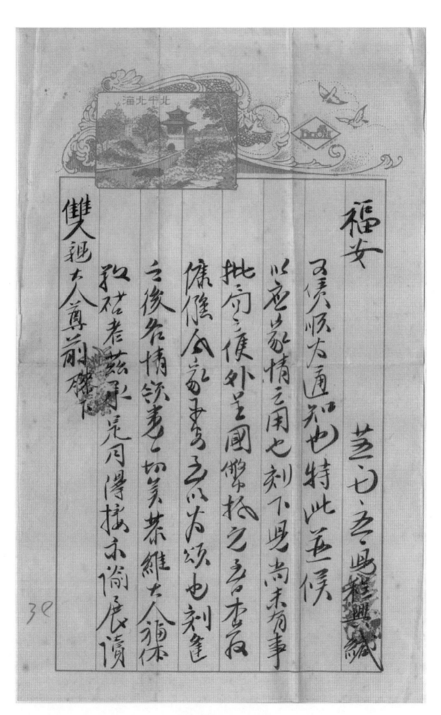

風景信箋（北平北海）

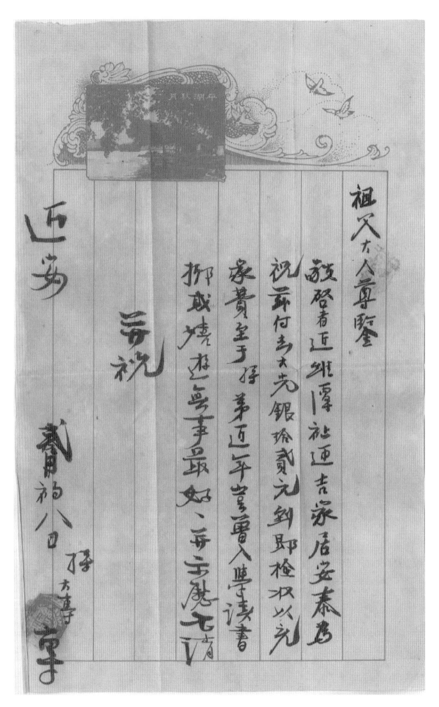

祖父大人尊鑒

敬啟者近維福祉迪吉家居安泰為祝，茲付去大光銀珠貳元到即檢收以充家費至于弟近年曾層入學讀書抑或嬉遊無事最好，每宗應七項，謹此，並祝

近安

愚孫福八日 拜

方直子

風景信箋（平湖秋月）

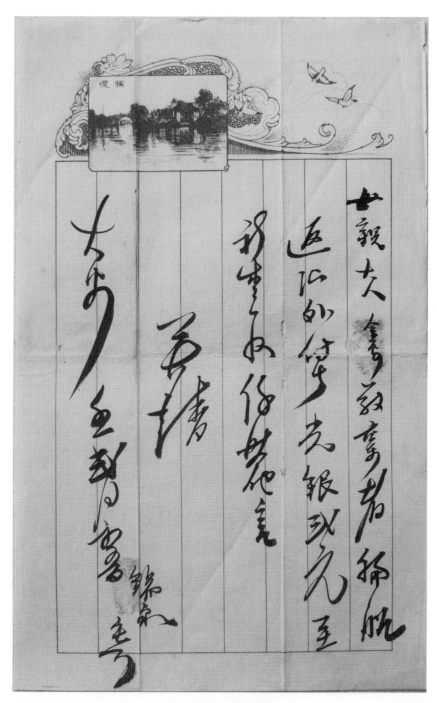

風景信箋（蘇堤）

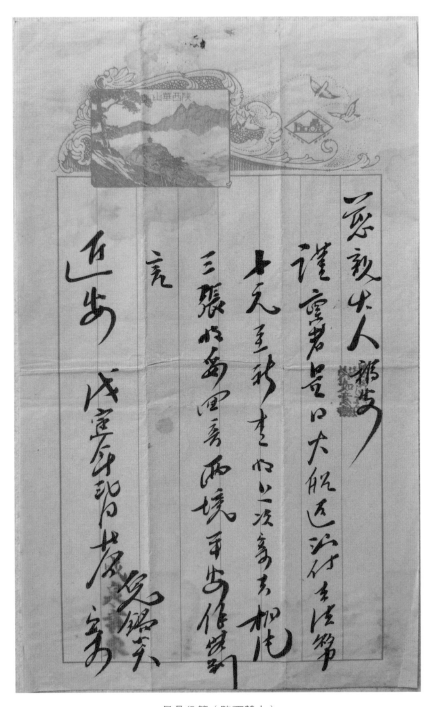

風景信箋（陝西華山）

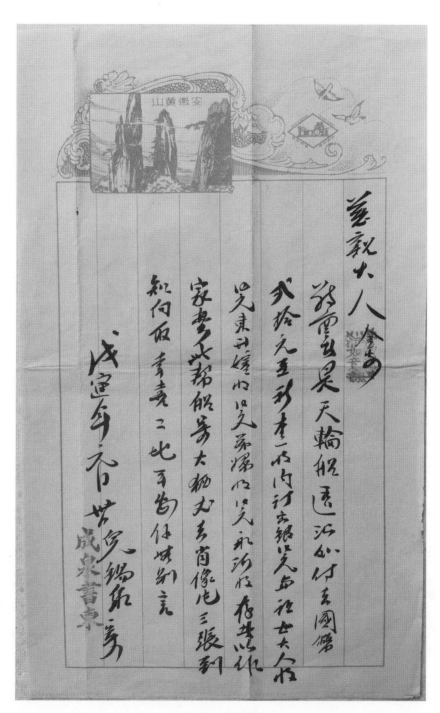

風景信箋（安徽黃山）

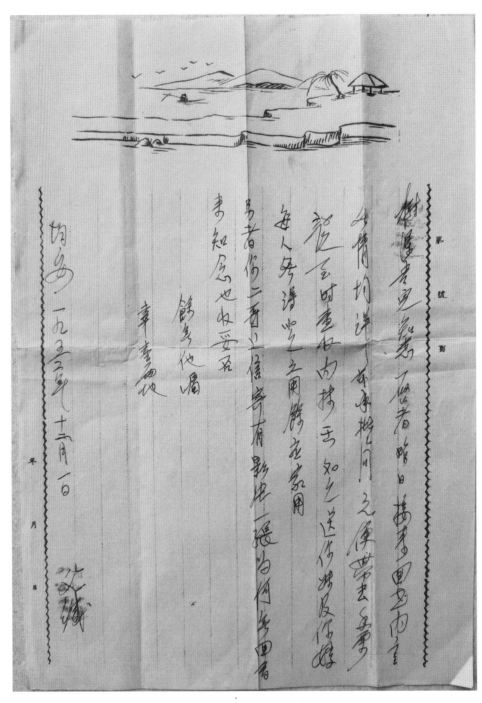

風景信箋（白描山水畫）

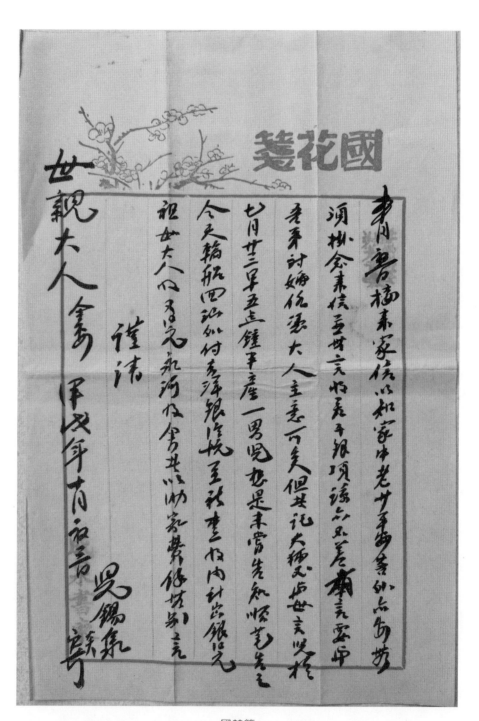

國花箋

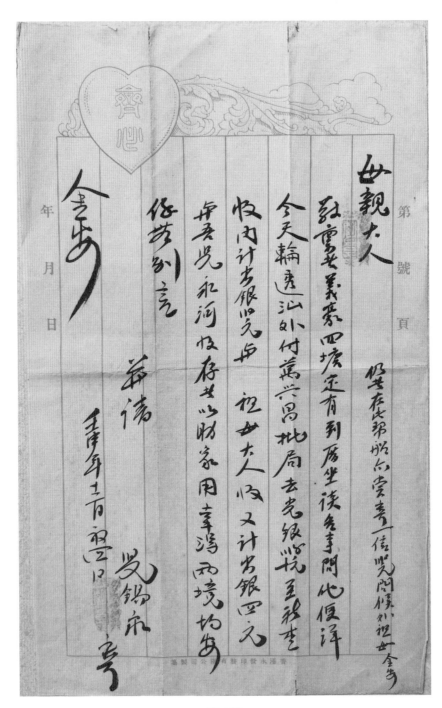

母親大人

　　敬稟者業蒙四堰定有到房坐後念事閒他便詳

今天輪運汕外付萬興昌批局去先銀收王祖考

收內計去銀收世　祖妣大人收又計去銀四元

兄弟兒永河收存此助家用幸海兩境均安

任勞別言　　肅請

金安

兒　　光錦來稟

壬年十二月吉日

　　僅在美邦叩大堂安一信覽問候外祖母金安

第　　號

第　　頁

年　月　日

齊心箋

齊永昌印務有限公司製牋

美星箋（一）

信箋白色紙，紫紅色油墨印刷。信箋上部中央繪一心形，嵌入明星照片，周圍飾以飄帶花草；上部右邊斜排左讀「美星箋」三字。

美星箋（二）

信箋白色紙，綠色油墨印刷。信箋上部偏左位置橫排右讀「美星箋」三字，上部右側圖案較為模糊。

明星箋（一）

信箋米白色紙，深紅色油墨印刷。信箋左上部繪一倒三角形圖案，裏面嵌入一位女明星玉照；右上部橫排右讀美術體縷空文字「明星箋」；信箋下方橫排右讀文字「德興號制」。

明星箋（二）

信箋米白色紙，赤紅色油墨印刷。信箋上部以花卉、蝴蝶等圖案裝飾，中間嵌入女明星玉照。整頁信箋沒有文字。

蝴蝶箋

信箋淺綠色紙，黃綠色油墨印刷。信箋上部左側印電影明星蝴蝶肖像，周圍飾以蝴蝶和花卉。未知出品單位。

通信箋

信箋米黃色紙，橘紅色油墨印刷。信箋上部中央裝飾方框裏橫排右讀「通信箋」三字，方框下方橫排右讀「魚雁往來兮，如同睹面」；上部右側繪盆景圖案，左側繪一對白鶴；信箋右邊豎排「第（）頁」；信箋左邊豎排「中華民國年 月 日」；信箋下方橫排右讀「古晉印務公司承印」。

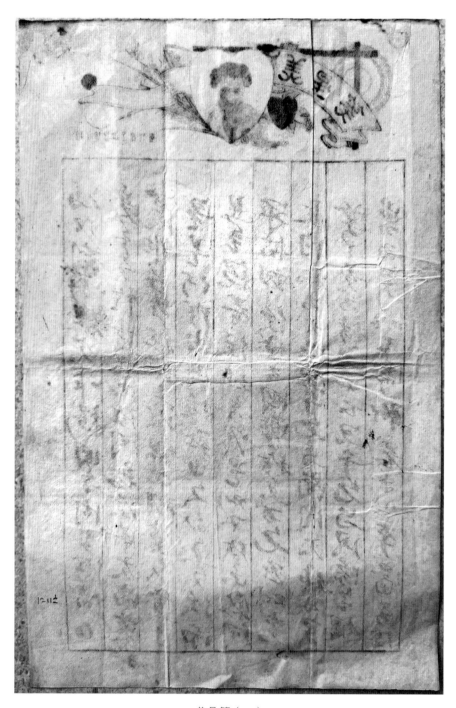

美星箋（一）

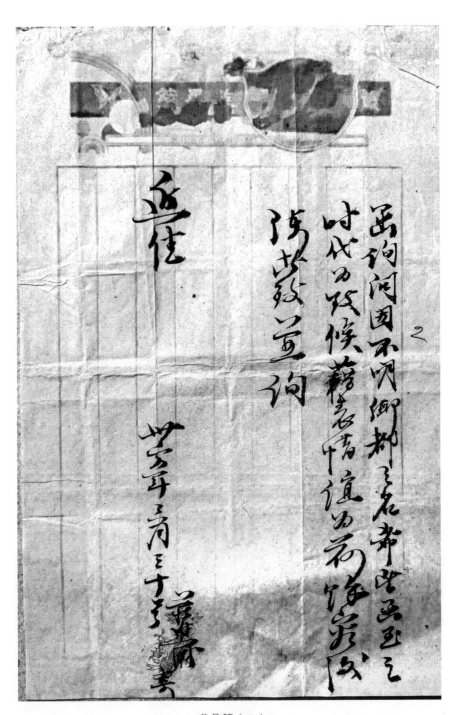

美星箋（二）

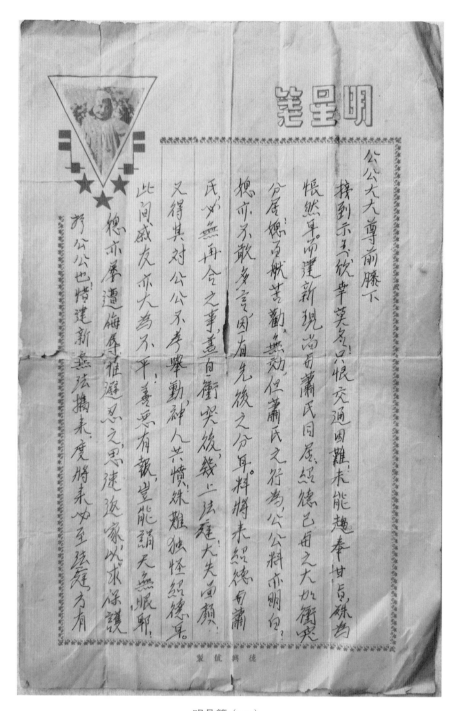

明星箋（一）

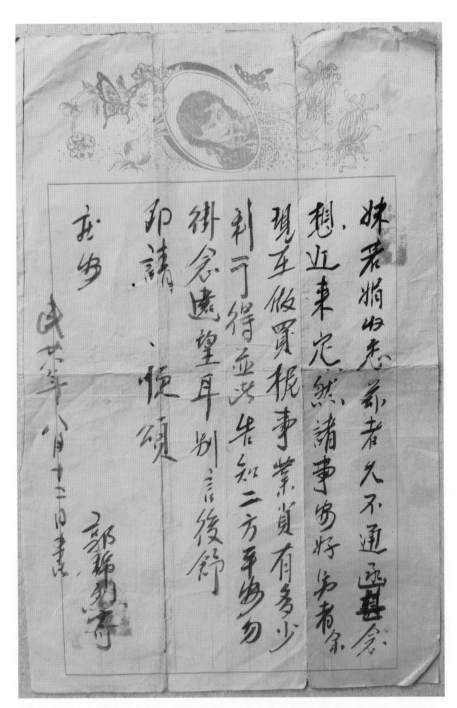

妹君媚如晤，離者久不通函，甚念。

想近來定然諸事妥好，為兄余

現正做買根事業尚有多少

利可得並兴告知二方平安勿

掛念遠望耳別言後節

即請、順頌

近安

戊[？]年八月十二日書

郭瑞烈寄

明星箋（二）

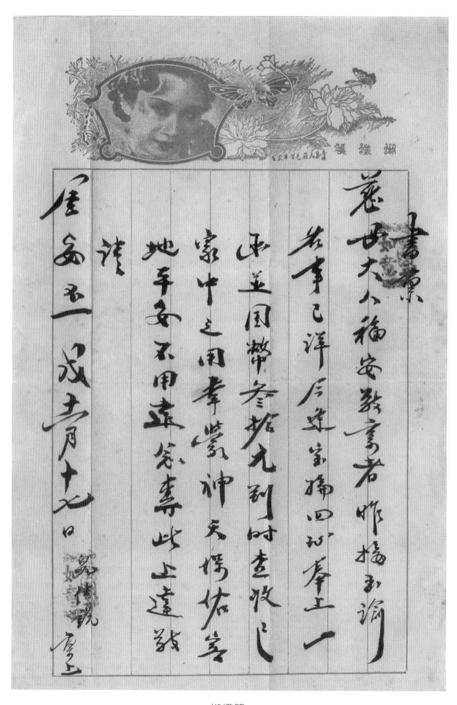

蝴蝶箋

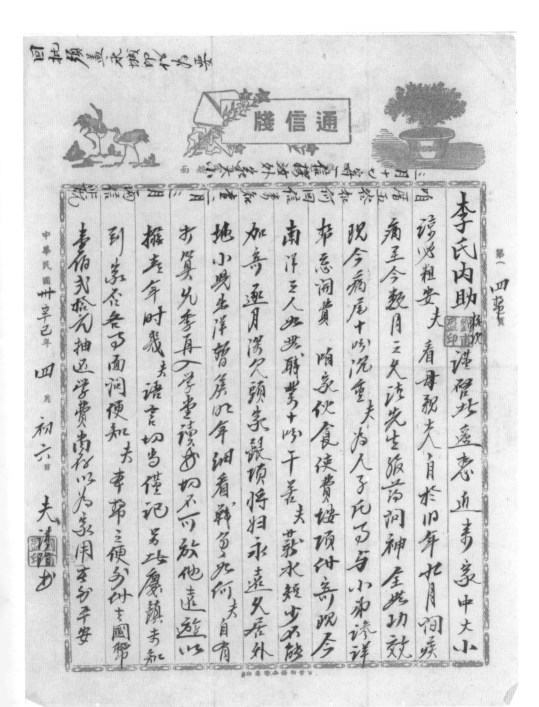

李氏内助謹啓北遠志通吾家中大小

第一四〇頁

荷蒙必粗安夫看母親夫人自於旧年九月染疾

痛至今數月三人诸先生派药洞神金無功效

現今病尾十吩况重夫為人子死了與小乘诉详

希念闹費哨家伙食使費按项讲现尽

南洋三人如此聯業十吩干善夫薪水短少不够

加焉逐月汉欠頭家讓项停归永遠头居外

地小與出洋智集如年細看戰争如何夫自有

打算先李再（學堂讀书切不可放他遠遊以

擇走年时義夫語言切当僅記另垃廪镇寿和

到家各备了面問便和夫車邦之便分付本國幣

春伯弍拾九抽迴學費貴毡以為家用本分平安

中華民國卅辛巳年　四周　初六日　夫清連書

通信箋

二、批局專印信箋

1. 預印部分書信文字內容信箋

書信是一種向特定對象傳遞信息、交流思想感情的應用文，是某一具體人寫給另一具體人的私人信息。本來都是很個性化的東西。

不過，鑒於早期出洋的勞工絕大部分是文盲，少數識字的亦是文化水平極低，就是寫簡單的信件都很吃力。故早期一些批信局為顧客方便着想，便設計了一種預印部分書信文字內容的信箋，供顧客使用。顧客寄信寄錢時，只要填上收信人姓名、寄多少錢、時間等便可。雖然是「千信一面」，卻也不失簡單方便實用。

無批局名稱

如圖是一款 20 世紀 20 年代至 30 年代流行於南洋各埠方便華僑使用的通用型預印部分書信內容信箋。信箋用宣紙，紅色文字印刷。

茲 大洋銀 元到時查收 / 以為家務之用多蒙神天庇祐客 / 體平安候有厚利入手自當回家 / 不用掛念也 / 安 年 月 日 寄

印批局名稱

如圖，泰興裕信局於 20 世紀 40 年代印製一款信箋，信箋形式如便條，豎式設計，信紙沒有圖案，亦沒有印紅色隔線，只是預印了部分書信內容：

茲付泰興裕信局國幣元到 / 時查收今幸二地平安誠為可喜唐中 / 諸事順便回明來知 / 民國 年 月 日

滙豐匯兌信局

菲律賓滙豐匯兌信局 20 世紀 40 年代印製的帶部分信文信箋。信箋上部印信局名稱及相關廣告；中間信箋分左右兩部分，右側部分預印信文豎排右讀：

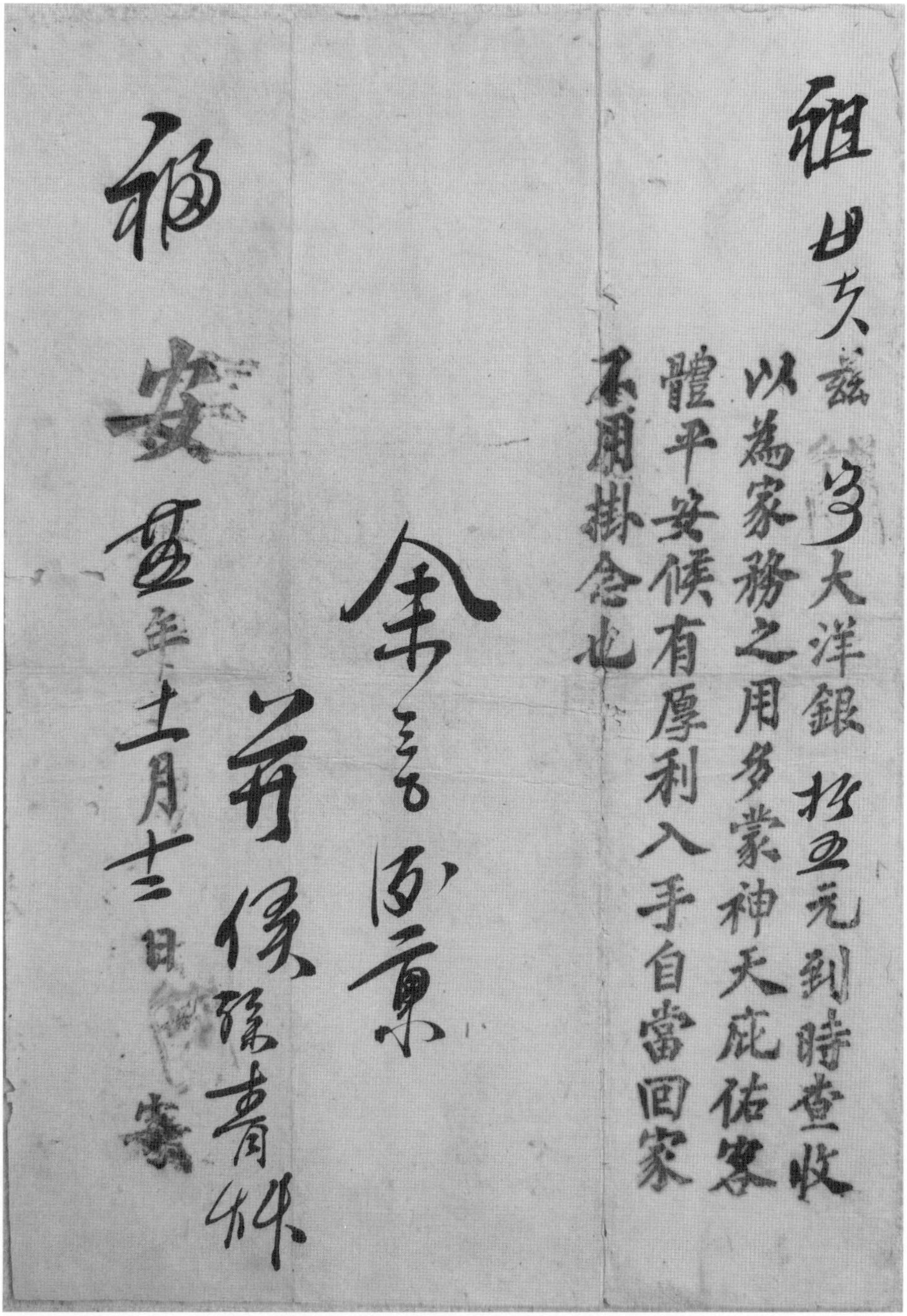

祖廿大人蔭下大洋銀拾五元到時查收
以為家務之用多蒙神天庇佑家
體平安候有厚利入手自當回家
不用掛念也

福

安

余多風雨

荷候孫書林

壬平土月十三日箋

無批局名稱

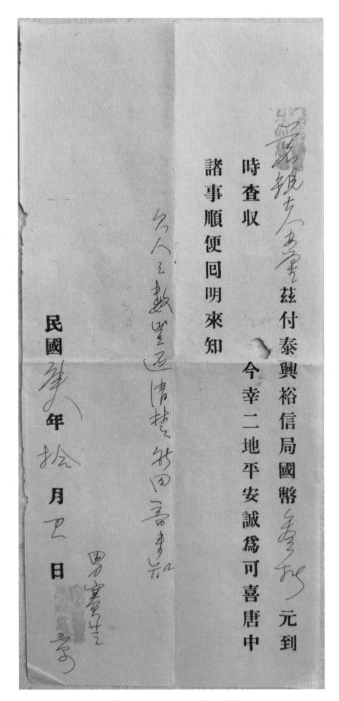

泰興裕信局預印文字信箋

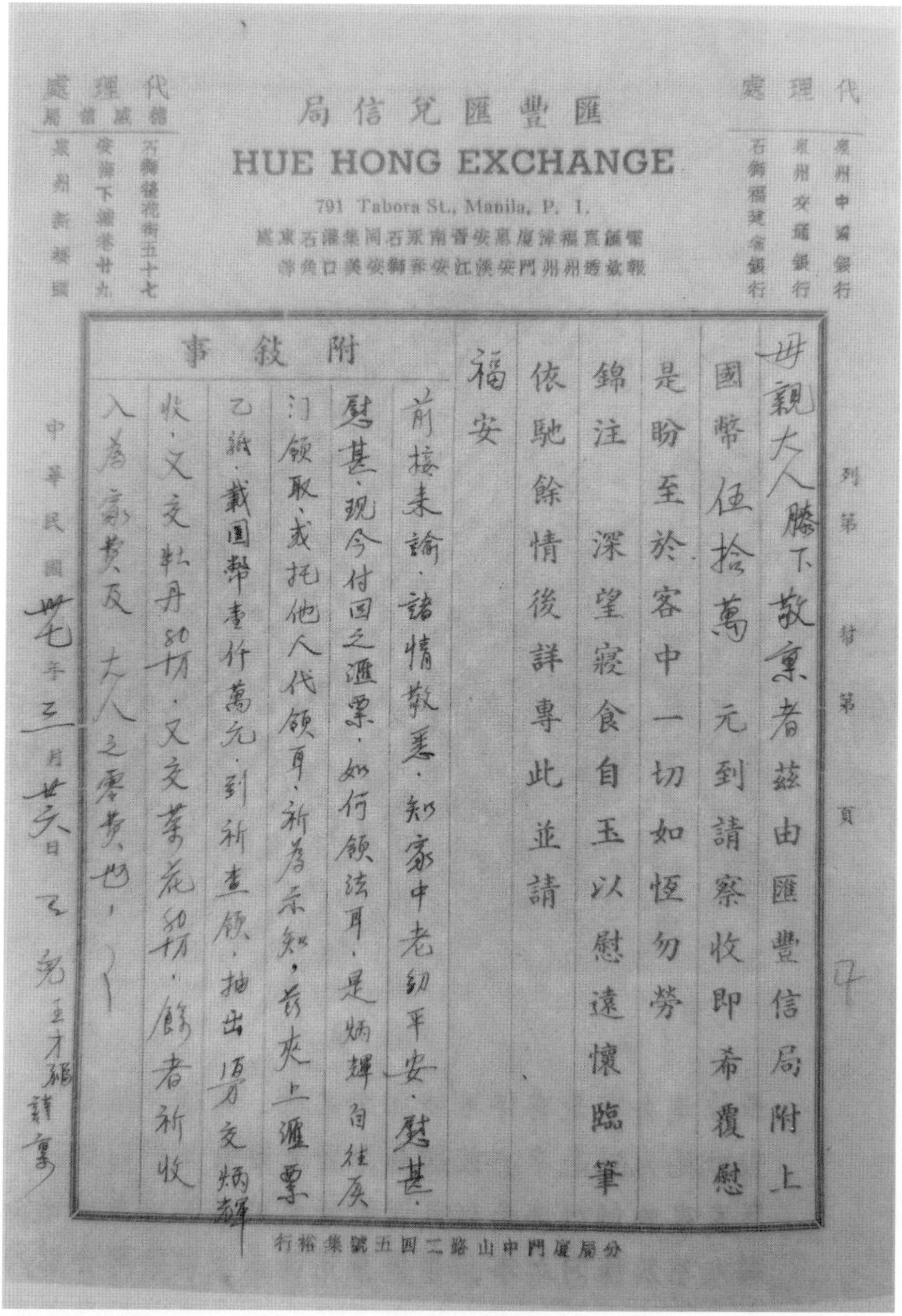

匯豐匯兌信局
HUE HONG EXCHANGE
791 Tabora St., Manila, P. I.

代理處　總匯信局
石碼發花街五十七
安海下濠巷廿九
泉州新橋頭

代理處
泉州中國銀行
泉州交通銀行
石獅福建省銀行

母親大人膝下敬稟者茲由匯豐信局附上
國幣伍拾萬元到請察收即希覆慰
是盼至於客中一切如恒勿勞
錦注深望寢食自玉以慰遠懷臨筆
依馳餘情後詳專此並請
福安

附敘事
前接來諭、諸情敬悉、知家中老幼平安、慰甚、
慰甚、現今付回之滙票、如何領法耳、是炳輝自往廈
门領取、或托他人代領耳、祈為示知、前夾上滙票
乙紙、載國幣壹仟萬元、到祈查領、抽出一伍万交炳輝
收、又交牡丹80斤、又交茉花80斤、餘者祈收
入為家費、及大人之零費也。

中華民國卅七年三月廿六日　兒王才昶謹稟

列第　封第　頁

分局廈門中山路二四五號集裕行

滙豐匯兌信局信箋

「茲由滙豐信局附上 / 國幣元到請察收即希覆慰 / 是盼至於客中一切如恆勿勞 / 錦注 深望寢食自玉以慰遠懷臨筆 / 依馳餘情後詳專此並請 / 安」；左側部分頂部橫排右讀「附敍事」，下面留空；信箋下部橫排右讀文字「分局廈門中山路二四五號集裕行」。

中南匯兌信局（僑批用箋）

20 世紀 40 年代至 70 年代，新加坡中南匯兌信局先後印製了多種預印部分書信內容的專用信箋供顧客使用。其中 20 世紀 40 年代至 60 年代，均為刻鋼板油印，70 年代起委託新加坡南友印務公司承印。從僑批信件實物看，不同時代的「僑批用箋」預印文字內容有所不同，不過亦相差不多。

20 世紀 40 年代

此種「僑批用箋」屬於該信局早期印製的信箋。使用米白色紙，手寫鋼板藍黑色油墨印刷。信箋分上下兩部分，上端橫排右讀「中南匯兌信局 / 僑批用箋」；下端右側豎排「大鑒敬啟者 / 幸蒙福庇兩地平安毋須遠念茲寄 / 上金圓 元至祈查收應用 / 敬口 / 台安

20 世紀 60 年代

20 世紀 60 年代起，中南匯兌信局印製的「僑批用箋」，目前發現最少有兩種不同，第一種文字仍然用手寫體，信箋版面仍分上下兩部分。上端橫排右讀「中南匯兌信局 / (僑批用箋) / 新加坡牙龍律九百八十二號」；中間部分用紅色線條隔成一大紅框，框內等距分隔豎線，預印文字為豎排「者 / 幸蒙神天庇祐兩地平安請勿遠念茲逢輪 / 便寄上 幣 元至時查收作為 / 安；紅框兩邊自左至右分別豎排「魚雁常通，佳音捷報」；左下端印「年 月日」。

另一款「僑批用箋」形式跟第一種相同，不過上端「中南匯兌信局」文字字體較大；中間預印信文字改為「者暌違兩地時深渴望念 / 想近況佳吉定符遠頌茲逢批期之便寄 / 上幣元到希查收 / 安」；紅框兩邊自左至右分別豎排「一紙家書值萬金，忠誠為僑胞服務」；左下端印「年 月 日」。

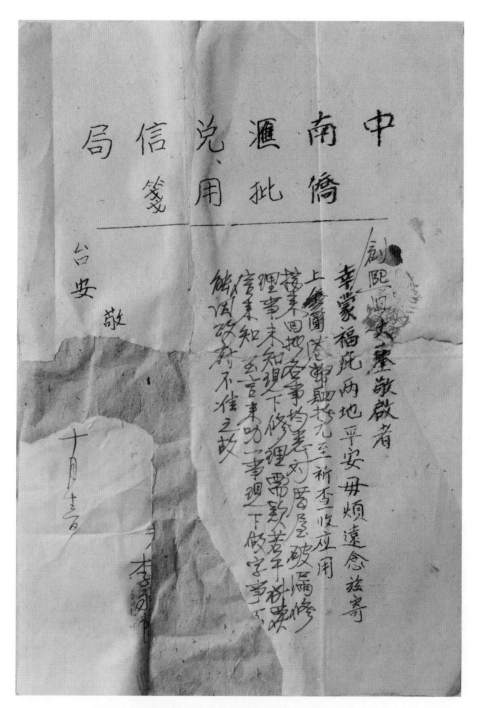

中南僑匯兌、批信局信箋用

中南匯兌信局 20 世紀 40 年代預印文字信箋

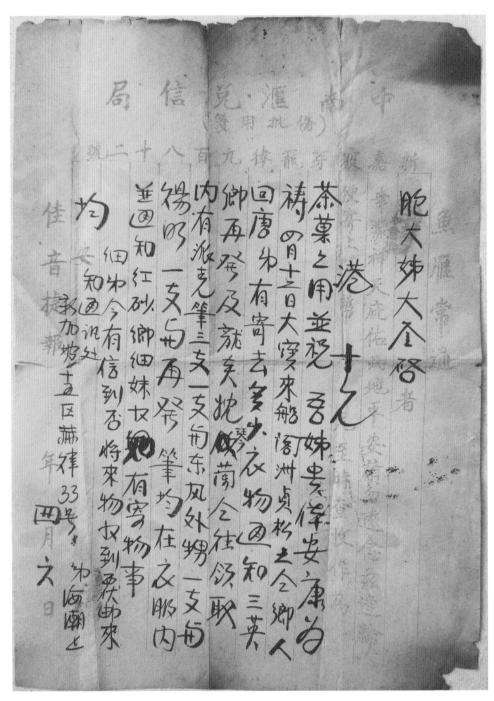

中南匯兌信局預印文字信箋（魚雁常通，佳音捷報）

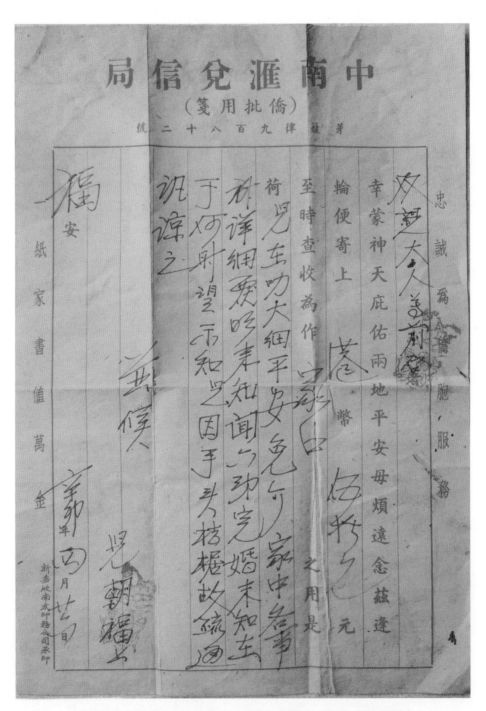

中南匯兌信局預印文字信箋（一紙家書值萬金，忠誠為僑胞服務）

20 世紀 70 年代

20 世紀 70 年代中南匯兌信局又推出至少三種「僑批用箋」。第一種由新加坡南友印務公司承印，排字鉛印。外觀形式同前面幾種，預印部分信文為「者 / 幸蒙神天庇祐兩地平安毋須遠念茲逢 / 輪便寄上幣 元 /

至時查收為作 之用是 / 荷 / 安 年 月 日；兩邊文字「忠誠為僑胞服務，一紙家書值萬金」。

第二種又是手寫版，除了信箋名稱地址不變，預印信文改為「 者暌違兩地時深渴念 / 想近況佳吉定符遠頌此間亦均安好免念 / 茲逢批期之便寄上 幣 元 / 到希查收 安」；紅框兩邊自左至右豎排兩句毛澤東詩「春風楊柳萬千條，六億神州盡舜堯」。

第三種亦是手寫版，預印信文同第二種，邊框文字改為魯迅詩「橫眉冷對千夫指，俯首甘為孺子牛」。

2. 批局專印信箋（無預印信文）

振成豐銀信局（正批信箋）

信箋用紙米白色，紅色油墨印刷。此種信箋屬於批局（信局）免費提供給顧客寄批信使用的信箋。信箋上部橫排右讀文字為：暹京 / 振成豐銀信局寄批用箋 / 住址耀華力路門牌四六六號。

振成豐銀信局（回批信箋）

信箋用紙米黃色，紅色油墨印刷。信箋上部橫排右讀文字為：「暹京振成豐銀信局回批用箋 / 耀華力路四六六號 / 自動電話：二三二六九 / 汕頭舊公園左巷門牌十三號」；信箋右側豎排「年 月 日」；下部橫排右讀：「銀項保家往來快捷」。

泰源亨信局

信箋用紙米白色，紅色油墨印刷。信箋上部中央橫排豎讀文字為「暹京 /

泰源亨信局批箋／耀華力路門牌三九六號至三九八號 電話二一八九八」；上部右側橫排右讀「每信／一封」；上部左側豎排豎讀「限用／一張」。信箋左側豎排文字「民國 年 月 日 寄」。

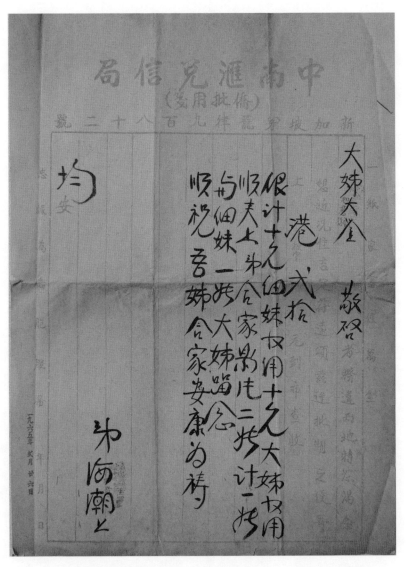

中南匯兌信局預印文字信箋（忠誠為僑胞服務，一紙家書值萬金）

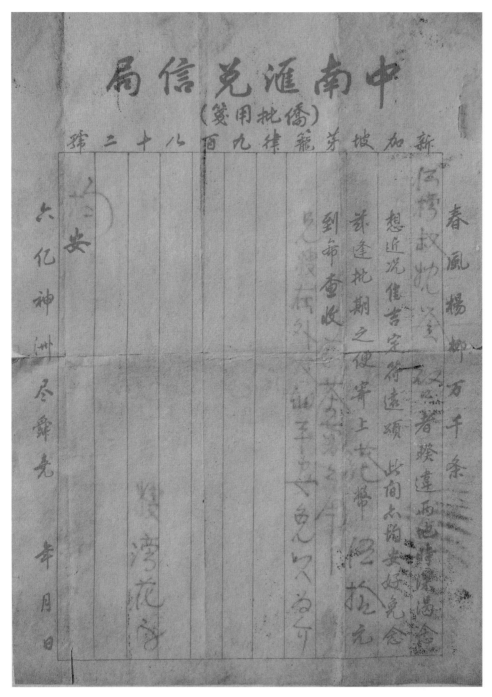

中南匯兌信局預印文字信箋（春風楊柳萬千條，六億神州盡舜堯）

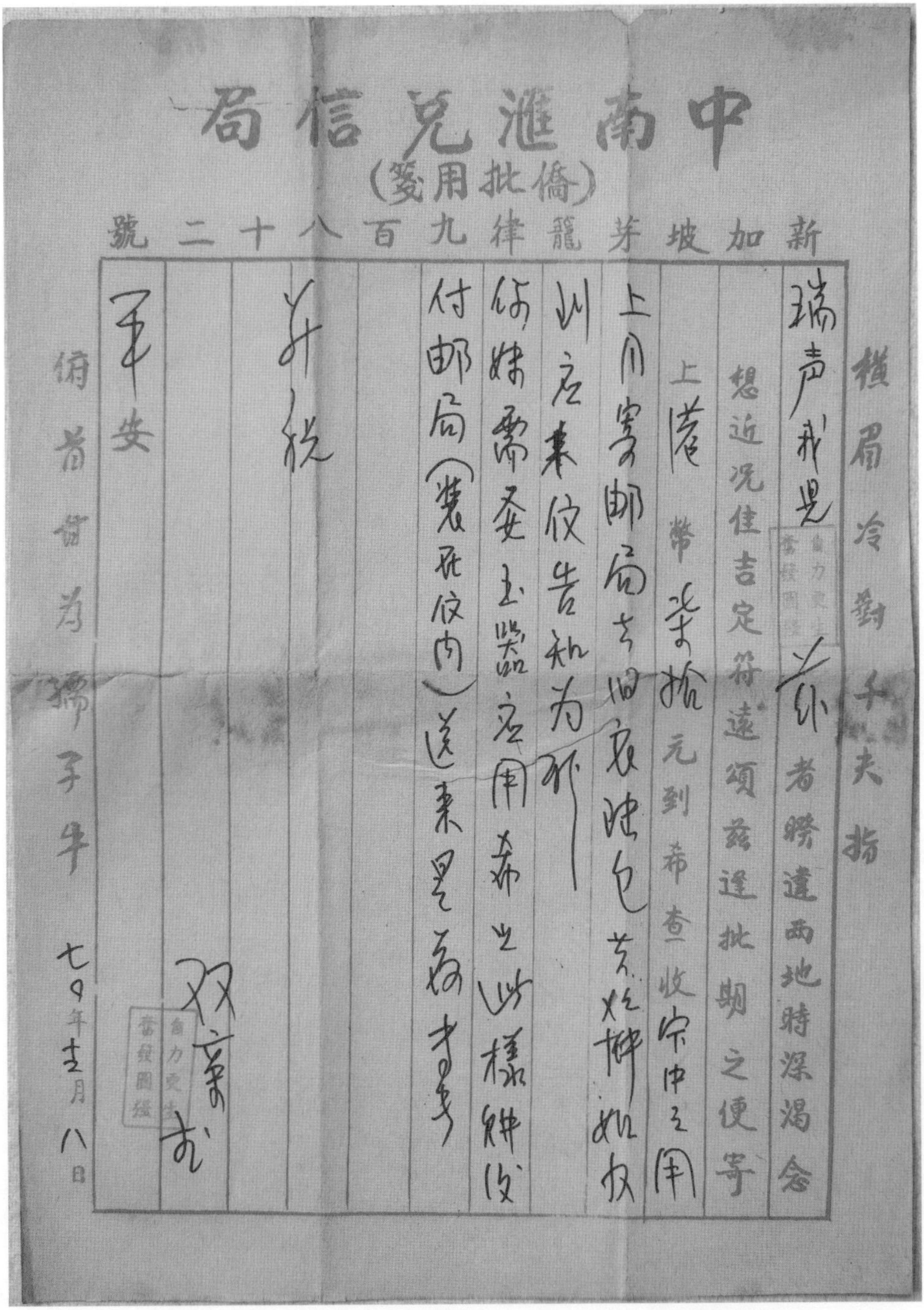

橫眉冷對千夫指

中南滙兌信局
（僑批用箋）
新加坡芳籠律九百八十二號

瑞声我兒

者睽違兩地時深渴念

想近况佳吉定符遠頌兹遲批期之便等

上港帶茶拾元到希查收宗中之用

上川寄邮局去個衣地包茲辦妥

川店来仪告知为妙

何妹需委玉器店用希之此樣辦役

付邮局（袋死仪內）送来畏畏高才寄

并祝

平安

俯首甘為孺子牛　七十年十二月八日

双亮字

中南匯兌信局預印文字信箋（橫眉冷對千夫指，俯首甘為孺子牛）

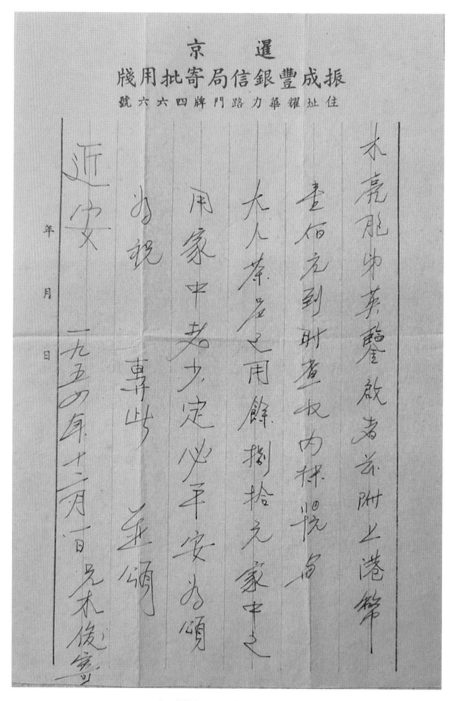

振成豐銀信局（正批信箋）

振成豐銀信局（回批信箋）

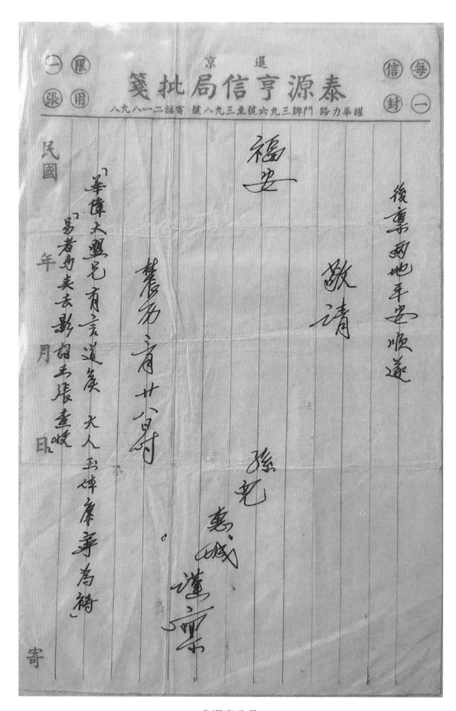

泰源亨信局

昭陵嘉獸

書法之美

一、近代書法風氣及其對僑批書寫的影響

清代（1644–1911 年）是中國歷史上最後一個王朝。遙想起大唐盛世的燦爛陽光，清代的政治、經濟自是無法相提並論。可是在文藝上，清代自有其絢目迷人之處。這時是書法發展史上的又一個中興期，上與大唐時代遙相呼應。

清代的書法發展，按時間大致可分三段。早期（約順治、康熙、雍正時）是明季書風的延續，屬帖學期；中期（約乾隆、嘉慶、道光時），帖學由盛轉衰，碑學逐漸興起；晚期（約咸豐、同治、光緒、宣統時），是碑學的中興期。書法史稱乾隆以前為「帖學期」，其後為「碑學期」。

學帖之習由來已久，至清代，康熙好董其昌書法，而乾隆好趙孟頫，上行下效，帖學之風熾熱矣。因科舉書法講究「黑、圓、光」，於是形成所謂「館閣體」。

於帖學之外，碑學的另闢戶牖，乃是中國書法史上至為重要的事件。碑學的出現及其迅速興盛，與時代風氣之浸染有關，與碑版的大批出土和金石文字學、考古學的興起有關，更與書家學者們極力鼓吹有關。前有阮元《南北書派論》《北碑南帖論》，後有包世臣《藝舟雙楫》，再後有康有為《廣藝舟雙楫》，具體而微地剖析碑書之客觀價值，既而在書壇上掀起尊碑浪潮，於是，自嘉道而至咸同，書家結社，竟習碑版，又成一種風氣。碑派代表書家甚多，其中，鄧石如篆隸雙美，沉着雄厚；伊秉綬隸書面目獨特，樸拙敦實；何紹基以顏真卿為本融北碑，碑帖互濟，行書最精；趙之謙擅篆隸之法而參北碑，筆法斬截穩健，其行書則是融碑帖於一體之巨擘；沈曾植宗漢章草而用北碑筆法，輾轉險奇，欹側多姿；曾熙、李瑞清

號「南北二宗」，師法漢隸，用篆意而行筆戰掣；吳昌碩師《石鼓》，用筆蒼辣，大氣淋漓；康有為吸收碑書之宏闊氣息，下筆千鈞，縱橫開張。上述的風氣一直延續到民國。

由於科舉制度的巨大影響力，清代士子也無不臨習館閣體。這些讀書人中也不乏天資過人而頗具才情者，他們感受清代書壇的風氣，兼通碑帖而卓越成就。以廣東潮汕地區為例，其代表人物如曾習經和范家駒。

清末潮人在朝內為大官者為數不多，曾習經是其中之一。曾習經生於同治六年，卒於民國十五年（1867–1926），享年 60 歲，字剛甫，揭陽棉湖人。晚號蟄庵、湖民。23 歲中舉人，24 歲中進士，初任戶部主事，後官至度支部右丞，兼任法律館協修、大清銀行監督、稅務處提調、印刷局總辦等職，在清帝遜位前一日辭官。

曾習經的書法，深受其時書壇重視碑學的影響，博取眾家之長。以北齊泰山石經、隋龍藏碑、張黑女碑等為宗，又摻以六朝碑版、墓志，以至二爨、漢隸。故其書風穩重、厚樸。小楷則勁健、古意益然。

而另一書法的代表人物范家駒（1882—1944 年），是潮陽人。光緒二十八年中舉人，光緒三十年中進士，是潮汕最後一位進士。進入民國范致力於辦新式學堂，以書法聞名潮汕大地。觀其書法，實也頗有魏晉碑版之風。

進入近代，潮人書法家的代表人物佃介眉與王顯詔，他們所走的道路依然是碑派書法的道路。佃介眉生活在 19 世紀 80 年代至 20 世紀 60 年代，詩書畫印，國文經史兼能。其書取法《毛公鼎》《虢季子白盤》《曹全碑》《石門頌》《張遷碑》等。王顯詔生活在 20 世紀初至 20 世紀 70 年代，1924 年畢業於上海美術專科學校，20 世紀 50 年代之後，書法回歸傳統，取法漢碑、漢簡。

至於整個潮汕書壇，可以說不乏有成就者，如高振之、陳寶瑜、林拱棠等，其書多數也出入於碑帖之間，但各有風格，也有以帖學風格見長的。

有代表性的另一位學者書家，是詹安泰（1902–1967），字祝南、號

1　張華慶主編，《毛筆書法考級報考必讀（7–9 級）》，天津科學技術出版社，2019。

君諱龍顏字仕德建寧同樂人也顥項之
玄冑祝融之昳伷也清流而不滯涑根之
固而不傾夏后之盛敻濯陳五教勳隆九土
純化播於万祀豐子文詔德於春秋斑朗

晉寧建寧二郡太守追諡寧州刺史邛都
軍寧州刺史龍驤輔國將軍八郡監軍
於茲而美祖晉寧二郡太守龍驤將
廓望撫於四姓邈嶲顯於上京瑛豪繼體

銘縱於季葉九運否蟬銳河東逍遙中
庶斑彪冊定漢記斑固述備道訓委暨漢
末莱邑於薰因氏挨焉姻婭孃於公挨振
纓蕃乎王室迺祖肅魏尚書僕射河南尹

縣侯金紫累跡朱繼充遗君承尚書之主
孫監軍之令子也容覩瑋於時倫貞操越
於門及溫良沖挹在家必聞
任和仁先生家正
璽庫曾習題

曾習經書法

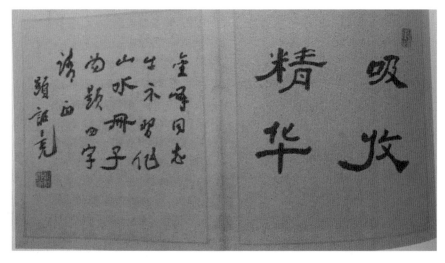

王顯詔書法

無庵、廣東饒平人。曾任中山大學教授、中文系主任、古典文學研究室主任。係我國現代著名的古典文學專家，於文學理論研究、古典文學作品鑒賞及詩詞創作等領域，均有傑出成就與貢獻，在學界產生過重大影響。其詩詞踵承清季同光詩詞「宗宋」之風，把其芳潤而獨具面目自成新境，與當時國內詞人名家夏承燾、胡光煒、龍榆生等，被譽為現代「四大家」，可見其在 20 世紀詞壇的影響和地位。先生博學多才，除了卓著的學術成就之外，他還是一位著名的書法家。

詹安泰寫碑於雄肆中透出典雅，與同一時代學碑者同源而異趣，其字裏行間表現出來的文人氣息，既寫碑而又具帖味，自然而無浮躁氣。這與民國時期的書法倡碑之風盛行有着直接的關係。無論文人學者乃至書畫家，寫碑成一時風尚。與畢生浸淫帖學者不同，詹安泰於帖學之外，對碑版、章草、篆隸都有廣泛涉獵，並以帖入碑，以碑摻帖，行筆跌宕，結構險峻，體勢修長雋邁，線條柔韌凝練，且擅各種書體，能以碑版之法而寫行草之韻，正所謂出碑人帖，融會貫通，整體氣息典雅秀勁。詹安泰碑帖結合的書風，讓人感受到大氣磅礴的同時，又透出濃烈的文人氣息。如其書贈潮籍學者蔡起賢的對聯：「放開肚量食飯，立定腳跟做人。」應是這一時期的代表作。字形似《石門銘》灑脫自然，用筆若枯藤老樹，從容灑脫，有如《石門頌》無拘無束，好似璞玉渾金，不故作修琢，無造作。詹安泰的書風，得漢魏六朝碑版神韻，得《石門銘》《爨龍顏》縱橫奇宕之氣，蛻化成自家面目。[1]

二、晚清至當代的僑批書寫

與上述書法家書寫具多種面目，碑帖兼容，而重碑不同。就筆者過目的僑批書寫，多受貼學的影響，雖因為書寫者的秉性、文化背景不同，字體各具特色，而追求端正、清晰、暢達則是其共同的特點，這大自然是因為僑批的書

1　謝佳華、李楠編著，《潮汕書法史稿》，西泠印社出版社，2022 年 1 月。

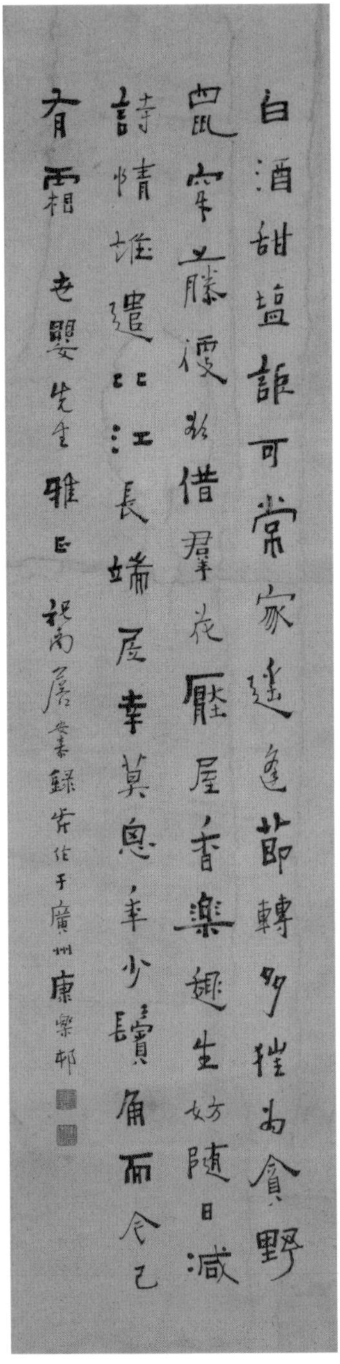

白酒甜塩誰可嘗家逢節轉多揩為貪野
鼠穿茅藤德致借羣花壓屋香樂趣生妨隨日減
詩情堆遣此江長端居幸莫忘牟少讀角而令己
有雨相

老嬰先生雅正

祝南屏安書錄苔作于廣州康寧邨

詹安泰書法

寫是一種實用書體，其目的是為了通信，而非審美創作。但書寫者都從臨帖開始，打下中國傳統書法的根基，因而其書寫也頗具中國傳統書法之美，頗具觀賞性。筆者從大量僑批書信中擇其優者，按時間先後排列以饗讀者。

此處筆者擇比較有特色的批信做一點評。這些批信的書寫特點，大致可以分成三類：

一類是以楷書為主，字體的書法根基基本來自顏柳歐蘇趙這些書法名家字帖。

這一封清光緒七年（1882）寄自南洋的批信，是兒子葉和仁寄給母親鍾氏的。從其中將賺錢的「賺」字寫成「串」字，可知這一家人是客家人，因客家話的「賺」和「串」同音。

將光緒十七年（1891）葉和仁給母親的信對照，筆跡完全不同，可以斷定這兩封信都是找人代寫的。與後一封信發自香港不同，前一封信是發自南洋某地，書寫基本是用楷體，可以看出書寫之人具有相當的柳公權楷書功底。結體較為瘦長，字體開張，而有骨力。可見這是一位在中國大陸受過比較深厚傳統文化薰陶、經年臨習柳體字帖的文人，為謀生而下南洋成為代寫書信者。估計因為楷書書寫較慢，所以代寫書信者多少採用行書或者行楷，這類基本純用楷書的批信並不多見。

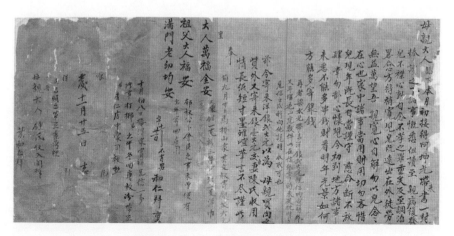

光緒七年葉和仁寄給母親鍾氏的批信

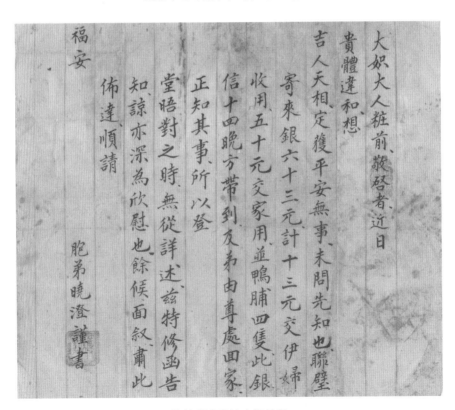

先緒十七年葉和仁寄給母親的信

胞弟曉澄寫給大姐的信

　　這封信是胞弟寫給大姐的，同樣是楷書，從落款「胞弟曉澄謹書」來看，可能是寄信者自己所書而非代筆。

　　二是行書或者行楷。這一類是批信中最多的。

葉和仁於 1900 年從南洋寄回的信

這是葉和仁於 1900 年從南洋僑居地寄回的一封信，可見是比較規範的行書體式，字跡清晰明瞭，整體觀之頗有美感。

若我們比較一下澄海人氏朱遠宜 1949 年寫的批信，就可以感到兩者在筆法上的某些相似之處。葉氏批信是何人所寫無法得知，朱氏批信為其自己所書，並且我們也通過他的後人保存了他當時臨習書法的字帖，使我們知道他是受到王羲之、王獻之父子，即二王的影響。也可以說其實就是傳統帖學的餘韻。

三是帶碑味的楷書或行楷。在眾多的批信中，帶有碑味的書寫實在不多，此處舉兩個例子：

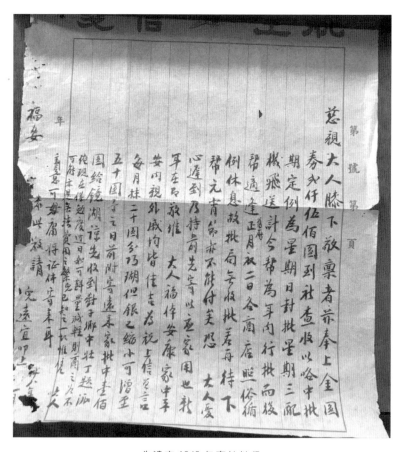

朱遠宜 1949 年寫的批信

文高於 1937 年由泰國寄往潮汕的批信

　　這一封 1937 年由泰國寄往潮汕的批信，用的是陳慈黌「陳黌利通信用箋」，從信中我們可以知道寫信人文高在泰國讀書，成績名列前茅，其母親與弟弟（妹），在家鄉，他和父親在泰國。書寫者文高人在泰國，所以他的書法基礎是在潮汕原鄉學的，還是在泰國學的，則不得而知。不過從這封工整、清晰的批信我們可以發現，他的書法有着魏碑的體勢，字的結體偏扁平，轉折處棱角分明，比較充分地體現了魏碑書寫的特徵，細觀之下，頗有魏碑書體的美感，可見其臨習碑體已有一定根基。

　　這是一封寫於 1946 年的批信，由郭玉鳳寄給潮汕的嫂嫂。應該是請人代書。觀其書寫，頗有特色。整篇的書寫十分工整。字的結體明顯帶有隸書的風格，字的體勢不同於楷書平正，或者是左低右高，字體偏長，它的

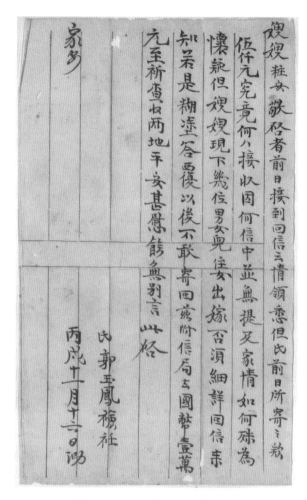

郭玉鳳 1946 年寄給嫂嫂的批信

體勢是左高右低，宛如漢碑《曹全碑》《張遷碑》，其向右傾斜的程度則比之兩碑更有誇張之勢，字體扁平，運筆流暢，頗具特色，頗具美感。

　　這種受隸書影響明顯的楷書，在眾多批信中十分少見。書法家告訴筆者，這種寫法，在民國時代為很多老先生所詬病。我們可以看到，取法漢魏碑版的書風，在晚清至民國潮汕的民間實際上並受讀書人的歡迎的。相比於上層讀書人中碑學大行其道，在普通讀書人中及民間讀書識字，能夠書寫的羣體中基本還是帖學的天下。

三、晚清至當代僑批書法欣賞

　　上面我們分析了晚清到當代僑批書風的特徵，下面我們從眾多的僑批中選取比較有書法欣賞價值的批信，按年代先後排列，供讀者欣賞。在選擇中我們遵從這樣的原則，一是我們覺得有欣賞價值，有代表性，二是儘量錯開時間，向讀者展現各個時期僑批書寫的風貌。

1. 晚清時期

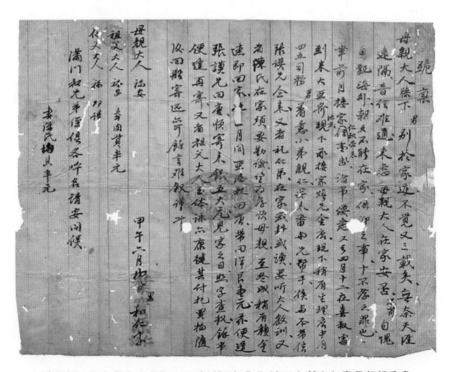

清當緒二十年甲午六月初八日（1894 年 7 月 10 日）葉和仁寄母親鍾氏書

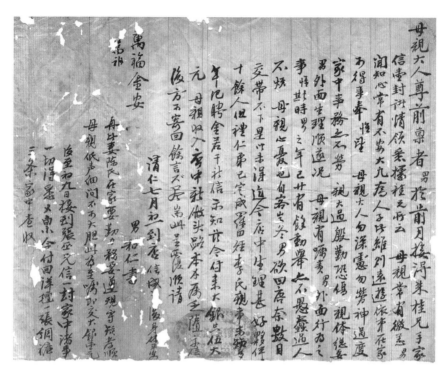

清光緒二十一年乙未七月（1895 年 8 月至 9 月間）葉和仁寄母親鍾氏書

清光緒二十四年戊戌閏三月廿十日（1895 年 5 月 18 日）葉和仁致母親鍾氏書

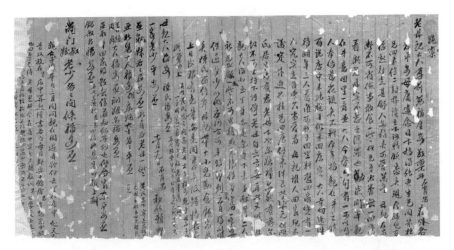

清光緒二十七年辛醜十一月十九日（1901 年 12 月 29 日）葉和仁寄母親鍾氏書

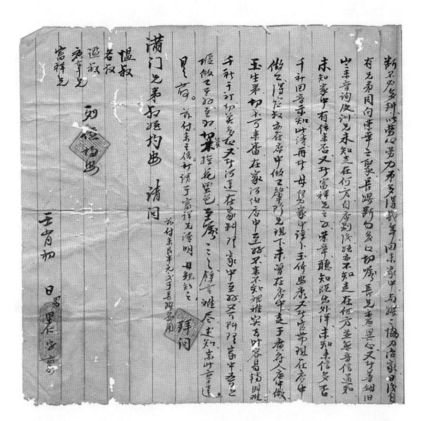

清光緒二十八年壬寅四月初　日（1902 年 5 月上中旬）葉禮仁寄母親鍾氏書

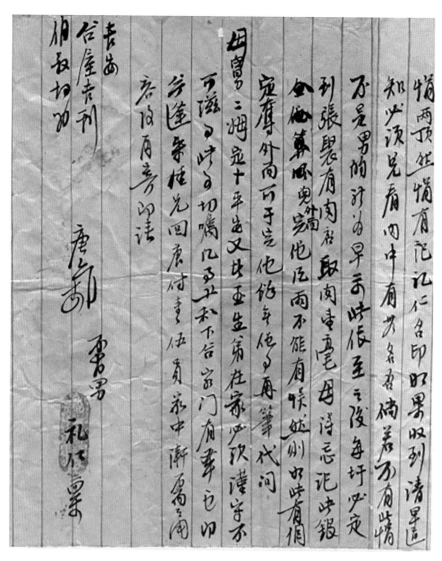

清宣統二年庚戌六月十四日（1910 年 7 月 20 日）葉禮仁寄母親鍾氏書

2. 中華民國時期

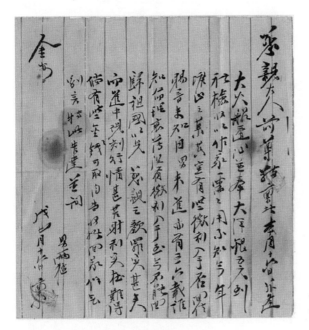

戊（1928）七月十六日，
外洋兩猛寄潮汕慈親大人

辛（1931）七月十六日，
暹何春好寄潮邑何厝圍
鄉家母親大人

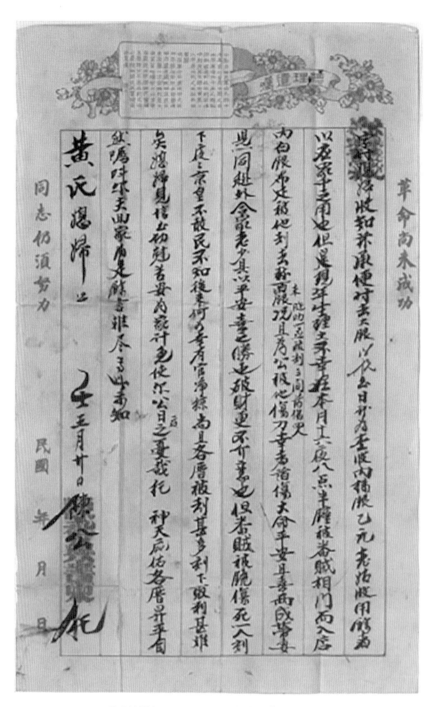

壬（1932）三月廿日‧外洋陳公寄潮汕媳婦

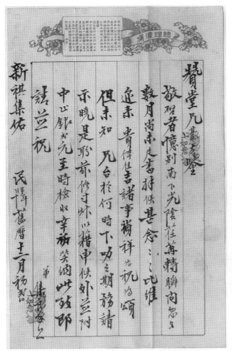

民二十三年
（1935）舊曆十二
月初二日，房亨
［馬來亞彭亨］
北根陳集良寄潮
安東鳳鄉陳贊堂
先生

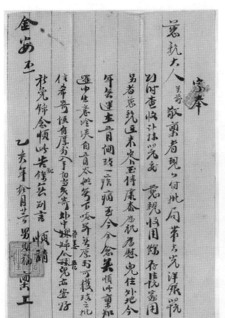

乙亥年（1935）
十月廿二日，遲
財福寄汀（澄）
邑南砂鄉林宅慈
親大人

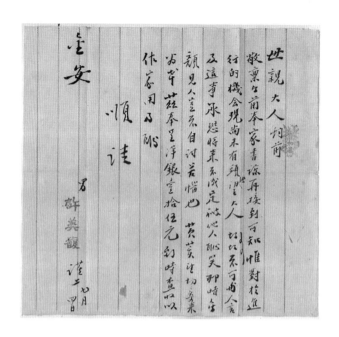

七月四日（1936 前），
外洋許美馥寄潮汕
母親大人

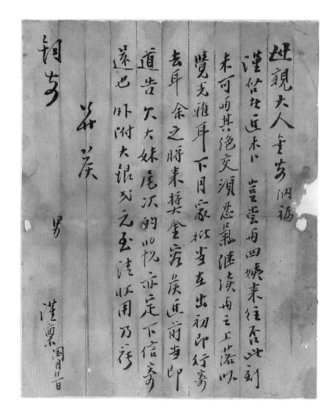

閏月廿一日（1936
前），外洋男寄潮汕
母親大人

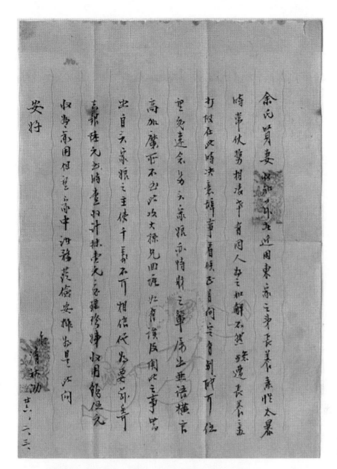

廿六年（1937）二月
三日・外洋清裕寄
潮汕余氏賢妻

辛（1941）元月初五
日・叻潘兆祥寄饒
邑隆都家祖慈大人

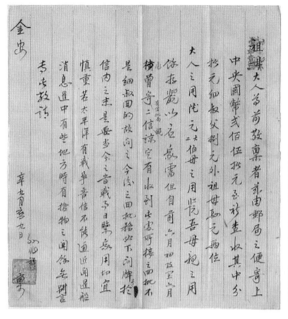

辛（1941）九月初九日，檳城［馬來亞］潘兆祥寄饒邑隆都家祖慈大人

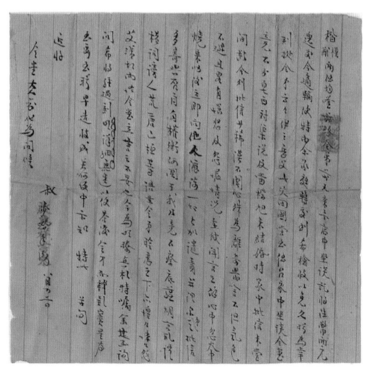

八月初三日（約1942前），外洋步潛寄潮汕楷模、楷猷兩侄

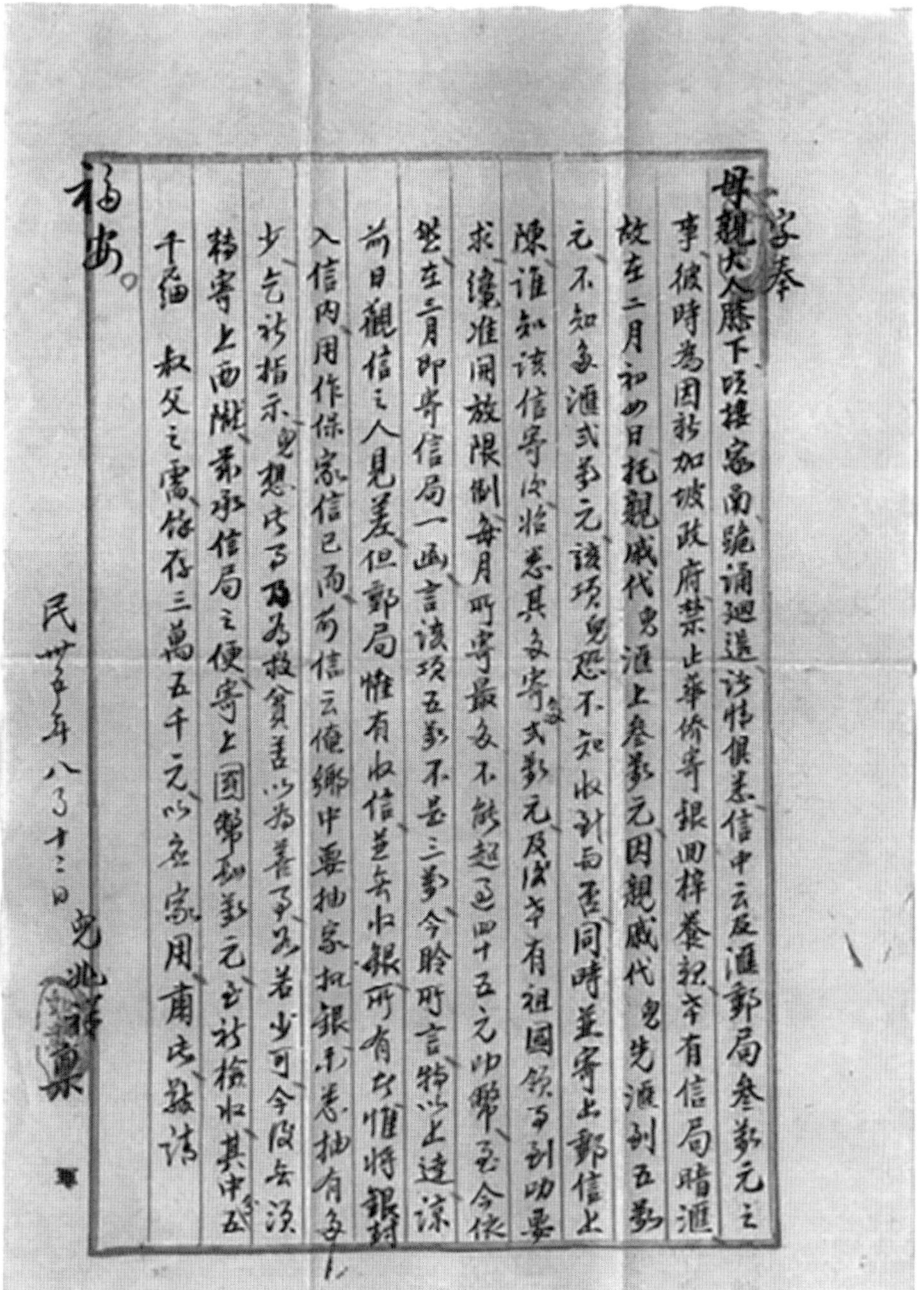

福安。

字奉

母親大人膝下　敬稟者　南號　誦廻選　诤忡俱悉　信中云反匯郵局參勤元主
李彼時為因欵加坡政府禁止華僑寄銀回祥養親幸有信局賠匯
故在二月初四日托親戚代弟匯上參勤元因親戚代弟先匯到五勤
元不知幾匯式弟元該瑣免恐不知收訖而至同時並寄上郵信上
陳誰知該信寄必恰恐其各寄文勤元及後幸有祖國領勻到功要
求續准開放限制每月所寄最各不能超過四十五元功弊至今依
然在言即寄信局一函言該瑣五勤不差三勤今聆所言特以上達諒
前日觀信之人見美但郵局惟有收信並無小銀所有右惟將報詩
入信內用作保家信已而苟信云倘鄉中要抽家扣銀示卷抽有每人
少乞诤指示思想功万為各救貧苦以為善另无若少可令段兵須
稍寄上西樵弟承信局之便寄上圓帑功勤元云诤檢收其中五
千元細　叔父之需餘存三萬五千元以应家用庯氏發詩

民卅五年八月十二日　兒兆祥謹稟

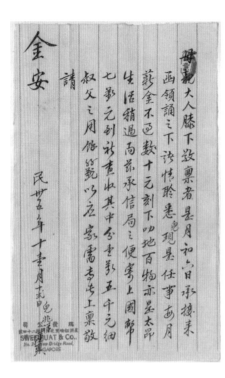

母親大人膝下敬稟者 是月初六日承接來西領誦之下 諒情於悉 現暴任事面月薪金不逼 數十元剴下叨地百物亦是太昂生活積過高嵩承信局之便寄上國幣七萬元剴補書收其中今書剴五千元細叔父之用作乾以店 家書专上稟敬

請

金安

民卅五年十月十二日 兆祥稟

饒邑碧砂鄉投交（辟烈區）家慈親大人玉展
外付國幣柒萬元由新加坡潘兆祥織

民卅五年（1946）十一月十二日，新加坡潘兆祥寄饒邑碧砂鄉家慈親大人

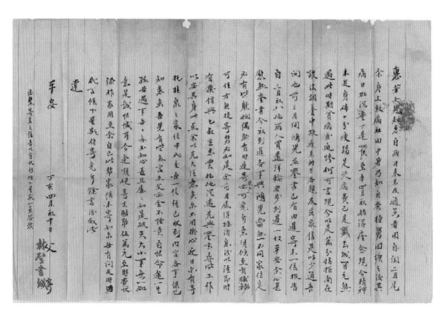

丁亥（1947）四月初十日，叻林壁書寄潮安南桂張鑾書先生

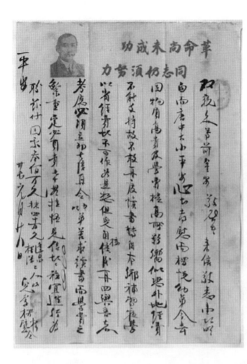

卅七年（1948）
元月二十八日，
港［香港］李楞
枝寄潮安南桂家
雙親大人

民國三十八年
（1949）八月初二
日，外洋鄭萬豪
寄潮汕慈親大人

3. 中華人民共和國時期

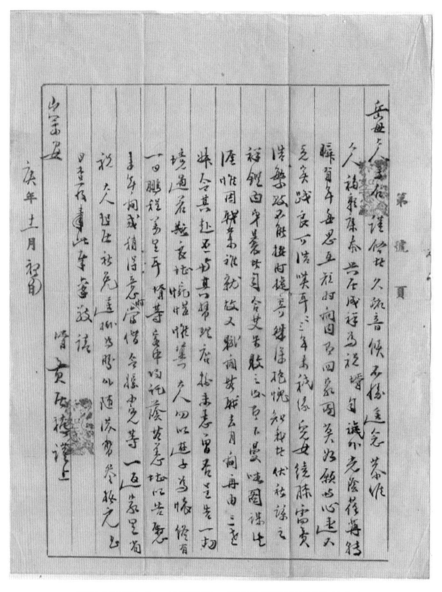

庚年（1950）十一月初四日，外洋黃居禧寄潮汕岳母大人

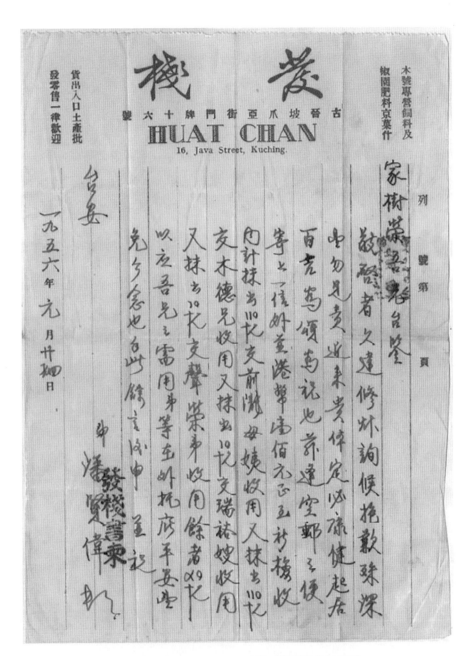

發棧
古晉坡亞爪街門牌十六號
HUAT CHAN
16, Java Street, Kuching.
本號專營飼科及
椒園肥料京菓什
貨出入口土產批
發零售一律歡迎

列號第　　頁

家樹榮吾弟台鑒

敬啟者久違修妝詢候拖歉珠深

由勿見责近来贵体定必祥健起居

百吉寫頌萬祝此前達空郵之便

寄上一信附董港畔寒佰元正衫楹收

内計抹去以長支前滯母媜收用又抹去以乞

交木德兄收用又抹出以乞支瑞祺媜收用

又抹去以長交聲榮弟收用餘者以乞

以交吾兄之需用弟等至外托応平妥座

兇多念也专此鹄言成申之至記

　　弟潘賢偉来稟

　　發棧署秉

一九五六年元月廿細日

台妥

一九五六年元月廿四日，外洋潘賢偉寄潮汕樹榮

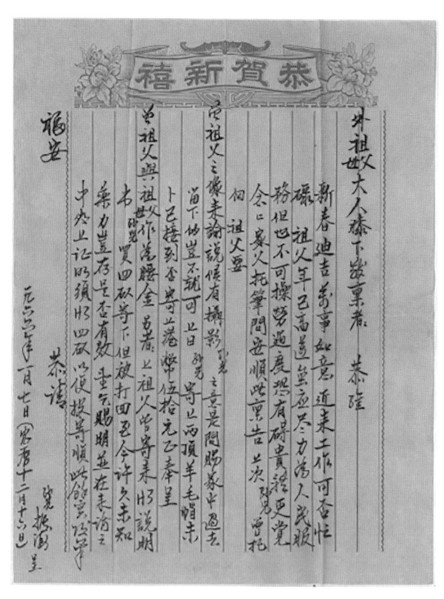

一九六六年一月七日，外洋振海寄潮汕外祖父母大人

1967 年 5 月 12 日，馬來亞鄭裕潮寄潮安縣東鳳鄉家慈親大人

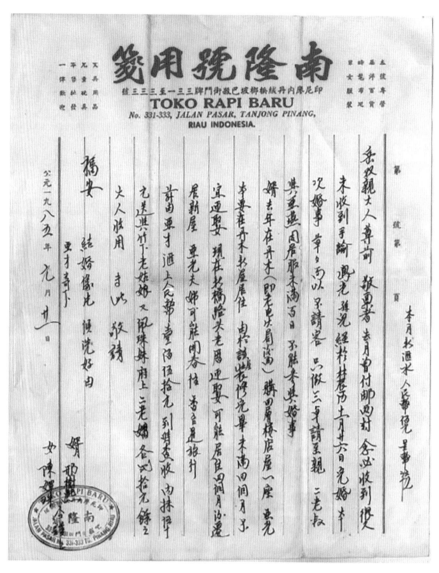

一九八五年元月廿一日，外洋邢樹熙、陳嬋珠寄潮汕岳雙親大人

印章之美

　　在潮汕僑批封上，我們常常可看到其正面右上角鈐有一款紅色印章，印章刻有各種吉祥花草圖案如梅花、竹子、壽桃、博古、書卷以及吉祥字樣如「如意」「順吉」「吉祥」等圖案和文字，潮人統稱之為如意印；而批封的背面上下封口處，亦常常蓋有一款紅色方形印章，印章用篆書刻「護封」兩字，這種印章，潮人則稱為護封印。

　　潮汕僑批上的這些如意印章和護封印章的使用，讓它看上去更具區別於一般信件的獨創性，地方民俗文化意蘊亦更濃。但作為如意印章和護封印章本身，並不是潮人獨創，它自身有其發生、發展及其演變的悠久歷史。

　　中國印章古時稱作璽、印、寶、章，印信、記、朱記、關防、圖章、符、契、押、戳子等等。據存世實物和史書記載，至晚在戰國時代，我國已普遍使用印章。起初，印章是作為商業上交流貨物時的憑證，同時也是信譽的標記。秦始皇統一中國後，印章的使用範圍擴大為表徵當權者權益的法物，是當權者權力的象徵。

　　我們現在所稱的如意印章和護封印章，是從古時的花押、署押、花書等演變而來的。古代的花押或署押，是中國傳統印信名稱。署押早在漢代就已使用。據王獻唐先生考證：「署押一制，萌於漢晉，而盛行於唐宋，制印於元明，衰於有清。」唐代花押，一般只草書其名。宋朝於花押還有特殊規定：「花押仍須一手書寫，所寫內外諸司及諸道周府軍監，並依此類」（《宋會要輯稿·官職二》），其文書「必先書押而後報行」（《宋史·高宗紀》）。南宋周密在《癸亥雜識別集》中記載了宋十五朝御押宋太祖趙匡胤的玉押印，可見宋代就有將押刻入印中的事實。

　　儘管當時還是非自覺的藝術行為，但為後來的花押入印做了嘗試和鋪

墊。真正自覺地將花押刻入印章始於五代。「（後）周廣順二年，平章李谷以病臂辭位，詔令刻名印用。據此，則押字用印之始也」（明陶宗儀《南村輟耕錄》卷二）。及至元代，花押印盛行。究其原因，主要是因為做官的蒙古人、色目人多不識漢字，也不擅執筆簽字畫押，於是就在象牙或木頭上刻上花押來代替執筆簽字。明代中葉至晚清，文人篆刻勃興，出現了不同風格的篆刻流派。

花押印，有以銅鑄成，還有用玉、石、木、瓷、牛角、象牙等材質刻成。其形制有方形、長方形、圓形、瓦形、葫蘆形、鼎形、魚形等多種。從傳世的元押印來看，花押印印文皆為朱文，有的僅一漢字，有的僅刻花押，然大多數是上刻楷書姓氏，下部兼刻花押。因楷書易於辨識，適用於民間交往。

宋元押印種類很多，表現形式豐富多彩，圖文結合，不拘形式。其表現風格或雄強、或古拙、或清麗秀逸、或率意天真。從實用的意義看，有姓氏押、吉語押、合同押、封押、瓷押和紀年押等多種。從押印的內容和表現形式看，大致可分為：單字押印、單花押印、字加花押印、八思巴文押印和圖形押印五類。

到了清代，起先是一些文人在舊貨攤上遇見和自己同姓氏的元押就買下自用，也有參照元押體式自刻花押印的，之後彼此仿效，成為風尚。近現代印壇亦有受西方美學思想影響者，將設計藝術滲入印章，雖有佳構，但更多的是過於強調設計意識。

清末、民國時期，文人墨客開始將這些花押印加以發揮創新，用在民間文書信札上。我們從清末及民國的民信局封和郵政實寄封上，常常可看到信封左上角或左下角鈐有一方紅色印章，印章中除了裝飾有吉祥花草圖案外，文字大多是寄信人的名址；一些商家也附庸風雅，將自己的鋪號、行號地址刻在上面，有時也刻上「財源廣進」或「一本萬利」等字樣。

近現代潮汕華僑在海外創辦批信局，其經營管理辦法明顯借鑒了國內的民信局，潮汕僑批封上的如意印章和護封印章的使用，同樣是潮人對中華傳統文化的發揚光大。

一、如意印章

僑批封上的如意印章，一般均蓋於批封正面右上角。印章形制總體上以長方形為主，因大部分印章為無框印章，故看上去又絕大部分表現為隨意形，如壽桃形或稱桃葉形，當然，還有小部分為書卷形。

如意印章的規格大約在 30mm X 16mm 左右，個別較小的在 10mm X 5mm 左右。如意印章中的文字大多為楷書，少數為篆書或隸書。

印章上的文字內容都是吉祥用語，有「如意」「順吉」「吉祥」「吉星」等；圖案絕大部分為壽桃圖（桃葉形），還有梅花、竹葉、蓮花、花瓶、如意、書卷、博古等等。

如意印章可分為有花飾如意印章和無花飾如意印章兩大類。有花飾的如意印章又可分為有框和無框印章兩種，前者大都為書卷圖案，後者的圖案最為豐富多彩，且文字跟圖案的組合靈活多變。可以是文字在左，圖案在上、右和下；亦可以是文字在右，圖案在上、左和下；還可以是文字在中間，四周被圖案包圍。無花飾的如意印章即是純文字如意印章，亦可分為有框和無框、朱文和白文等。

如意印章的材質絕大部分為木質，亦有角質（如牛角）和骨質（如象牙）和石質等。

壽葉形圖案如意

書卷形圖案如意

楷書如意

隸屬如意

篆書如意　　　　　　如意　　　　　　　順吉　　　　　　吉羊（即吉祥）

吉星　　　　　梅花及竹葉圖案如意　　花瓶荷花圖案如意　　書卷形如意

文字在左，圖案　　文字在右，圖案　　文字被圖案包圍　　文字被圖案包圍
在上、右、下　　　在上、左、下

有框朱文　　　　　無框白文　　　　　無框朱文　　　木質如意正、側面

角質如意正、側面　　骨質如意正、側面　　石質如意正、側面

二、護封印章

　　護封印章蓋在僑批封背面兩端的封口處。因護封印章都是正方形，在實際使用中，一般是將印章以相對於封口線正菱形位置蓋於批封上。

　　有時，寫批者在封批封口時，順便在兩端封口處寫上「吉封」「守封」「護封」「即封」等字樣。

　　之後有些批封便不再蓋護封印章了，但有些還是蓋上護封印章。

　　護封印章一般都是文字印章，文字內容基本就是「護封」兩字，字體亦都為篆書，形制劃一，不是正方形就是正菱形。

　　護封印章的文字有陰文（或稱白文），亦有陽文（或稱朱文）。

　　有些護封印章在文字的外邊裝飾有草龍、瑞草或盤長、梅花等圖案，有些則沒有，只用線條作為裝飾；亦有一些護封印章沒有邊框，也沒有裝飾，就只護封兩字。

　　護封印章的材質同樣有木質、角質、骨質和石質等。

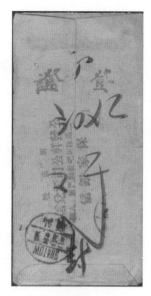

護封印章　　　　用書寫「護封」替代護封　　　　吉封
　　　　　　　　　　　　印章

守封　　　　　　　　護封　　　　　　　　即封

菱形

陰文（白文）護封

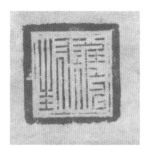

陽文（朱文）護封

邊框有裝飾圖案

邊框無裝飾圖案

無邊框

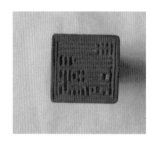

木質

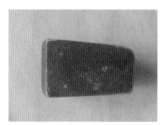

角質

石質

中華耋鬮

奉獻之美

近現代旅居海外打工的華僑華人，他們雖然大多沒有讀過多少書，甚至還是文盲，但他們的血管裏仍然流淌着中華民族文化血液。「忠孝節義」、「多行善事」、「兼濟天下」等信條，仍然是他們的行為準則。他們對家族、家鄉、祖國有着傳統的責任感和義務感，在事業有成之後，都不忘反哺鄉梓、報效祖國。正因如此，當抗戰爆發時，他們全力支援抗戰；見家鄉的辦學條件差、孩子讀書困難時，他們更是毫不猶豫、慷慨解囊興資助教；家鄉建設缺乏資金，他們仍然給予支持……

華僑華人對祖國、家鄉的捐資，是無私的奉獻。他們的捐贈，可以是實物，亦可以是現金。實物當然需要用物流辦法，而現金則方法較多，通過批局以僑批方式寄遞，是一種傳統而又安全可行的辦法。

一、捐資抗戰救國

從「九一八」事變開始到抗戰勝利的 14 年中，華僑捐款總額為國幣 13 億多元，戰時全世界有 800 多萬華僑，其中有 400 多萬人為祖（籍）國抗戰捐過款。國民政府軍政部長何應欽在國民參政會上曾報告說，1939 年全年戰費共花費 18 億元，而華僑義捐可當 1/3。[1]

1937 年「七七」盧溝橋事變開始，華僑華人即奮起支援國內抗日鬥爭，有錢出錢，有力出力。初期，各僑團組織和慈善機構多係採取臨時募捐的

1　陳琳《華僑華人支援抗戰》，2015 年 9 月 21 日《今日中國》http://www.chinatoday.com.cn/zw2018/sp/201509/t20150921_800038893.html

方式，籌集一筆又一筆捐款匯回祖（籍）國。後由於戰場的不斷擴大和戰時的延長，許多華僑團體和僑領認為抗日戰爭不是一朝一夕的事，非經長期艱苦的奮鬥不能取得最後勝利。於是，一些華僑團體乾脆把臨時義捐改為長期性的義捐，即「常月捐」，並將捐款通過銀行、批局等各種手段把捐款匯到國內支援抗戰。

1. 旅美台山僑胞捐資「購械抗戰，救鄉救國」

　　1937 年抗戰爆發後，旅美台山華僑「寧陽總會館余風采總堂」向同胞發起「購械抗戰，救鄉救國」動員令，設立「台山各鄉鎮聯防購械委員會」籌集資金寄回家鄉支援抗戰。

2. 旅美僑胞「賑濟祖國傷兵難民」

　　太平洋戰爭爆發後，中國的抗戰進入到更為艱苦時刻。然而華僑仍然堅持不懈地支持祖國抗戰。旅美華僑甚至還成立了「旅美華僑統一義捐救國總會」，以「月捐」形式發動華僑義捐。

3. 周恩來、葉劍英等的回批

　　由於國民政府的封鎖，華僑的捐款很難到達共產黨領導的解放區，不過也有少數例外。華僑領袖陳嘉庚回國時，不顧國民黨阻撓訪問了延安，深深為當地的艱苦奮鬥和廉潔作風所感動，他回到國統區和南洋到處宣傳，中國只有一個地方沒有貪污，那就是延安。

　　還有，抗戰期間旅泰潮籍華僑蘇君謙等三人捐資國幣 200 元，支援延安抗日軍政大學。這筆捐款通過「口批」方式，即由寄批人將批款交澄海建陽村人在泰國開設的「增順批局」，然後約定汕頭聯號銀莊，讓前來取款的澄海批腳取款，再送澄海勝寧鄉晨光小學詹歐波之手，由他轉交國民革

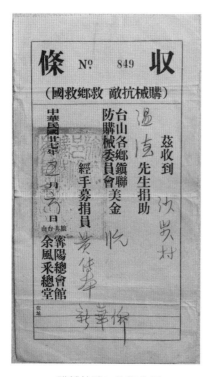

購械抗戰，救鄉救國　　　　賑濟祖國傷兵難民
（1943 年 3 月 24 日「旅美華僑統
一義捐救國總會」收據）

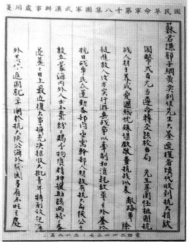

周恩來等給捐贈八路軍抗戰華僑的回批

命軍第十八集團軍（八路軍）駐武漢辦事處。接到批款後，周恩來、葉劍英、潘漢年、廖承志聯名給蘇君謙三人寫了回批，對他們的愛國熱忱深表欽敬，並「盼望先生等廣為解釋，鼓勵彼方青年前來學習抗日知識」。

二、捐資教育事業

　　一直以來，海外僑胞秉承着愛國愛鄉的優良傳統，與祖（籍）國同呼吸共命運心連心，不僅積極支持祖（籍）國的抗戰，在和平時期亦熱情幫助家鄉教育事業。在這些捐資者中，有彪炳史冊的僑界精英，如胡文虎、陳嘉庚、李嘉誠、亦有普普通通的打工華僑。他們無論能力大小，只本着一顆赤子之心，無私奉獻。

　　2009 年福建漳州角美錦宅發現的黃開物家族批信中，便有不少捐資辦學的批信。下面這件批信，是菲律賓華僑黃以敖 1921 年 7 月寄家鄉錦宅黃開物收的批信，內容是旅菲的錦宅華僑黃氏家族 84 人 1921 年 6 月份捐資建設錦宅華僑公立小學校的清單。

　　錦宅社華僑公立小學校。拾年六月份捐款。

　　黃連盆銀式元，黃連續銀壹元，黃永聯銀壹元，黃永典銀壹元，黃永升銀壹元，黃永瑞銀式元，黃開安銀陸元，黃古木銀壹元，黃以敖銀壹元，黃元勛銀拾元，黃春忠銀壹元，黃思傳銀壹元，黃元柏銀壹元，黃宗〔崇〕集銀肆元，黃啟回銀式元，黃天忠銀式元，黃振惠銀壹元，黃信旺銀壹元，黃西極銀式元，黃茂仲銀壹元，黃新佑銀壹元，黃霖熊銀五角，黃水碓銀五角，黃慶豐銀五角，黃寅記銀五角，黃基勉銀式元，黃基總銀三元，黃忠信銀壹元，黃榮欽銀壹元，黃開銈銀式元，黃亞根銀壹元，黃振藩銀式元，黃萍成銀五角，黃燕交銀壹元，黃燕盆銀壹元，黃岳君銀壹元，黃丕銀壹元，黃必趨銀壹元，黃安靜銀壹元，黃隨便銀壹元，黃懋章銀壹元，黃清水銀壹元，黃啟讚銀五元，黃清東銀五元，黃文進銀式元，黃安套銀壹元，黃清修銀五角，黃長慶銀壹元，黃振報銀式元，黃肇祥銀壹元，黃應足銀壹元，

黃晉壽銀壹元，黃晉江銀壹元，黃高墩銀弍元，黃高助銀壹元，黃高潛銀弍元，黃錦慰銀弍元，黃旺緩銀壹元，黃大賴銀壹元，黃建宜銀壹元，黃福氣銀壹元，黃聯果銀肆元，林連貫銀壹元，黃宗〔崇〕阪銀三元，黃宗〔崇〕阪銀弍元，黃元根銀壹元，黃明立銀壹元，黃招晚銀弍元，黃萬吉銀弍元，

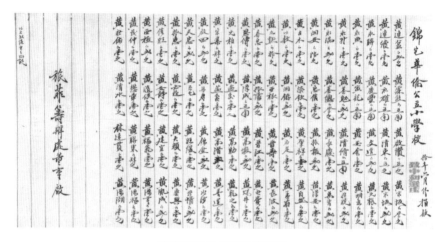

菲律賓華僑捐資辦學清單

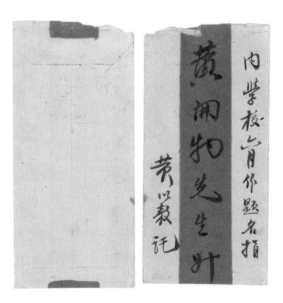

寄該清單的批信

黃萍安銀壹元，黃自然銀壹元，黃孟有銀壹元，黃長波銀式元，黃新糞銀壹元，黃賜井銀壹元，黃乾銀壹元，黃善道銀壹元，黃水沙銀壹元，黃新情銀貳元，黃垂興銀壹元，黃胤成銀式元，黃源亨銀壹元，黃源福銀壹元，黃源湖銀壹元。

旅菲籌辦處董事啟

清單可知捐款人數 84 人，捐款資金 130 元（銀元）。

20 世紀 80 年代的改革開放初期，潮汕農村辦學條件較差，潮僑捐資辦學時有所聞，泰國僑領陳弼臣、陳有慶父子捐資潮陽峽山學校，便是一例。

陳有慶是泰國盤谷銀行創始人、著名愛國華僑陳弼臣長子。1955 年，留學美國歸來到香港，在其父開辦的香港商業銀行任職，從職員，到總經理、董事長、董事會主席，還擔任香港亞洲金融集團主席、香泰貿易有限公司董事長兼總經理，亞洲保險有限公司董事長、常務董事會主席、廖創興銀行有限公司董事。還擔任中華總商會副會長、東華三院總理，香港潮

陳有慶給時任潮陽縣長的批信

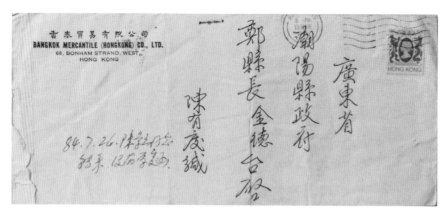

陳有慶給時任潮陽縣長的批信

州商會永遠名譽會長及第七、第八屆全國人大代表，中國僑聯副主席。曾
榮獲汕頭市榮譽市民、瀋陽市榮譽市民、青島市榮譽市民等稱號，1984 年
獲泰皇頒授三等白象勛章。

　　1983 年，陳有慶隨父親陳弼臣回到家鄉潮陽峽山，看到家鄉教育設施
落後，陳氏父子遂慷慨捐款，建了峽山學校，為家鄉改善教育條件盡了赤
子之心。1985 年，陳有慶跟父親率領泰國六十多人連同香港好友主持學校
的開幕儀式。在陳氏家族的帶領下，很多潮籍的僑胞紛紛返回潮州，陸續
興建了醫院、道路和學校，促進家鄉的發展。

　　1984 年 3 月 15 日，陳有慶寄給潮陽鄉政府的捐款批信，信中告知時任
潮陽縣長李金德，「建校資金港幣四百萬元正，該款經於本月 13 日如數由
此間中國銀行經由建設銀行匯奉」。

三、捐資家鄉建設

　　1971 年至 1972 年間，廣東省潮陽縣旅泰華僑馬燦堅等人捐資家鄉建
設，每筆批款均在 2000 至 4000 港幣之間（因記賬憑證不能拆開，只能從存
檔信封及記賬表中略知情況。

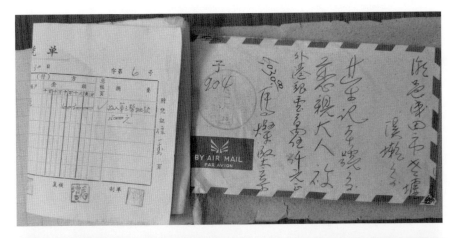

馬燦堅等人捐資家鄉建設的憑證

後　記

　　2013 年，聯合國科教文組織將中國僑批列入世界記憶遺產名錄，僑批這種記錄著近現代華人移民史的家書開始被世人所認知。2020 年 10 月，習近平主席視察潮汕時，特意參觀了僑批文物館並發表了對華僑、僑批的重要講話，僑批這一世界記憶遺產亦迅速進入國人的視野。

　　2021 年底，香港中華書局找我們合作，準備要將僑批這一世界記憶遺產以文化的視角推向世界，我覺得這是一件大好事。畢竟，僑批雖然只是一紙家書，是很「私人」的東西，但它從產生、發展到消亡，承載的卻不僅是一段難以忘卻的移民史，還有中國近現代社會同東南亞乃至拉美各國的交通史、金融史、文化交流史等等。

　　《大美僑批》一書，從「批封」「批箋」「書法」「印章」等審美視角去介紹僑批，是一種僑批文化普及的新嘗試。當然，書中的內容都是舉例式的介紹，目的無非是讓讀者在輕松的讀圖中認識僑批。

　　本書撰寫過程，得到黃清海、張美生、蔡煥欽、彭曉輝、陳荊淮等人的無私支持和幫助，在此表示深深感謝！

曾旭波

2022.10.1

參考文獻

1. 莊國土《二戰後東南亞華族社會地位的變化》，廈門大學出版社 2003 年 1 版。

2. 黃松讚《新加坡社會與華僑華人研究》，中國華僑出版社 2005 年 1 版。

3. 陳衍德等《閩南海外移民與華僑華人》，福建人民出版社 2007 年 1 版。

4. 龔抒《亞洲國家概況》，世界知識出版社 1996 年版。

5. 《汕頭百年大事記（1858−1859）》，汕頭市史志編寫委員會 1960 年 5 月版。

6. 姚曾蔭《廣東省的華僑匯款》，商務印書館 1943 年版。

7. 政協廣東省委員會文史資料研究委員會編《廣東軍閥史大事記》（廣東文史資料第四十三輯），廣東人民出版社 1984 年版。

8. 政協汕頭市委員會文史資料研究委員會編《汕頭文史》（第四輯），1987 年 5 月。

9. 北京市郵政管理局文史中心編《中國郵政事務總論（1904−1943）》，北京燕山出版社 1995 年 1 版。

10. 謝鏗主編《潮汕民間藝術》（工藝卷），汕頭大學出版社 2013 年 10 月版。

11. 肖茂盛《中國貨幣鑒賞》，花城出版社 1995 年 1 版。

12. 吳平主編《華南革命根據地貨幣金融史料選編》，1991 年版。

13. 黎德川、黃志強《新加坡郵政與郵史》，新加坡集郵協會，1996 年。

14. 黃年《潮人在深圳》，汕頭大學出版社 2005 年 6 月版。

15. 潮汕歷史文化研究中心編《潮汕僑批萃編（二.）》，香港公元出版有限公司 2004 版。

16. 謝雪影《汕頭指南》，汕頭時事通訊社，1947 年版。

17. 中國人民解放軍汕頭市軍事管制委員會祕書處編《政策法令彙編》，新華書店 1949 年 11 月出版。

18. 饒宗頤編《潮州志‧風俗志》，潮州市地方志辦公室 2004 年編印。

19. 《澄海縣志‧風俗志》（清嘉慶版）

20. 《汕頭市志》，汕頭市地方志編纂委員會編，新華出版社 1999 年版。

21. 黃開山《新汕頭》，1928 年 9 月出版。

22. 肖冠英《六十年來之嶺東紀略》，中華工學會，1925 年 5 月版。

23. 《汕頭僑史論叢》1－4 期，汕頭華僑歷史學會出版。

24. 《汕頭華僑史（初稿）》，汕頭市人民政府僑務辦公室、汕頭市歸國華僑聯合會編。

25. 《華僑論文集》第一輯，廣東華僑歷史學會，1982

26. 黃清海編著《菲華黃開物僑批：世界記憶財富》，海峽出版發行集團、福建人民出版社出版，福州，2016 年 2 月，第 1 版。

27. 泉州市檔案局（館）、晉江市檔案局（館）編《泉州僑批故事》，九州出版社出版，北京，2016 年 9 月，第 1 版。

28. 福建省錢幣學會編著《僑批與海上金融之路》，未知出版社，未知出版年，未知出版地。

29. 黃清海、沈建華編著《抗戰家書》，海峽出版發行集團、福建人民出版社出版，福州，2015 年 8 月，第 1 版。

30. 許康銘主編《中國傳統吉祥圖案》，南方出版社（原海南國際新聞出版中心）出版，1995 年 9 月 1 版，1999 年 5 月 2 次印刷。

31. 王瑛編著《中國吉祥圖案實用大全》，天津教育出版社出版，天津，1999 年 1 月第 2 版。

32. 羅仰鵬主編《難捨的筋脈——潮汕僑批山水封欣賞》，暨南大學出版社出版，廣州，2017 年 3 月第 1 版。

33. 潮汕歷史文化研究中心、僑批文物館編著《館藏晚清僑批選讀》，暨南大學出版社出版，廣州，2017 年 5 月第 1 版。

34. 張美生編著《潮汕僑批書法薈萃》，暨南大學出版社出版，廣州，2017 年 5 月第 1 版。

35. 廣東檔案館編，張美生編著《僑批檔案圖鑒》，中山大學出版社出版，廣州，2020 年 5 月第 1 版。

36. 曾旭波著《潮汕僑批業研究》，暨南大學出版社出版，廣州，2020 年 7 月第 1 版。

37. 廈門市同安區歸國華僑聯合會編《同安僑批》，內部資料，2021 年 9 月。

大美僑批：
時代記憶中的藝術風采

曾旭波　著

責任編輯　王春永
裝幀設計　鄭喆儀
排　　版　黎　浪
印　　務　劉漢舉

出版　　中華書局（香港）有限公司
　　　　香港北角英皇道 499 號北角工業大廈一樓 B
　　　　電話：（852）2137 2338　傳真：（852）2713 8202
　　　　電子郵件：info@chunghwabook.com.hk
　　　　網址：http://www.chunghwabook.com.hk

發行　　香港聯合書刊物流有限公司
　　　　香港新界荃灣德士古道 220-248 號
　　　　荃灣工業中心 16 樓
　　　　電話：（852）2150 2100　傳真：（852）2407 3062
　　　　電子郵件：info@suplogistics.com.hk

印刷　　美雅印刷製本有限公司
　　　　香港觀塘榮業街 6 號海濱工業大廈 4 樓 A 室

版次　　2023 年 2 月初版
　　　　© 2023 中華書局（香港）有限公司

規格　　16 開（230mm×160mm）

ISBN　　978-988-8808-53-3